文学艺术系列

音韵史话

A Brief History of Phonology in China

张惠英 / 著

社会科学文献出版社

SOCIAL SCIENCES ACADEMIC PRESS (CHINA)

图书在版编目（CIP）数据

音韵史话/张惠英著. —北京：社会科学文献出版
社，2011.12（2014.8 重印）
（中国史话）
ISBN 978 - 7 - 5097 - 2823 - 9

Ⅰ.①音… Ⅱ.①张… Ⅲ.①汉语 - 音韵学 - 语
言学史 Ⅳ.①H11

中国版本图书馆 CIP 数据核字（2011）第 222356 号

"十二五"国家重点出版规划项目

中国史话·文学艺术系列

音韵史话

著　者／张惠英

出版人／谢寿光
出版者／社会科学文献出版社
地　址／北京市西城区北三环中路甲 29 号院 3 号楼华龙大厦
邮政编码／100029

责任部门／人文分社（010）59367215
电子信箱／renwen@ ssap. cn
责任编辑／黄　丹
责任校对／魏小薇
责任印制／岳　阳
经　销／社会科学文献出版社市场营销中心
　　　　　（010）59367081　59367089
读者服务／读者服务中心（010）59367028

印　装／北京画中画印刷有限公司
开　本／889mm×1194mm　1/32　印张／6.25
版　次／2011 年 12 月第 1 版　字数／122 千字
印　次／2014 年 8 月第 2 次印刷
书　号／ISBN 978 - 7 - 5097 - 2823 - 9
定　价／15.00 元

总　序

　　中国是一个有着悠久文化历史的古老国度，从传说中的三皇五帝到中华人民共和国的建立，生活在这片土地上的人们从来都没有停止过探寻、创造的脚步。长沙马王堆出土的轻若烟雾、薄如蝉翼的素纱衣向世人昭示着古人在丝绸纺织、制作方面所达到的高度；敦煌莫高窟近五百个洞窟中的两千多尊彩塑雕像和大量的彩绘壁画又向世人显示了古人在雕塑和绘画方面所取得的成绩；还有青铜器、唐三彩、园林建筑、宫殿建筑，以及书法、诗歌、茶道、中医等物质与非物质文化遗产，它们无不向世人展示了中华五千年文化的灿烂与辉煌，展示了中国这一古老国度的魅力与绚烂。这是一份宝贵的遗产，值得我们每一位炎黄子孙珍视。

　　历史不会永远眷顾任何一个民族或一个国家，当世界进入近代之时，曾经一千多年雄踞世界发展高峰的古老中国，从巅峰跌落。1840 年鸦片战争的炮声打破了清帝国"天朝上国"的迷梦，从此中国沦为被列强宰割的羔羊。一个个不平等条约的签订，不仅使中国大量的白银外流，更使中国的领土一步步被列强侵占，国库亏空，民不聊生。东方古国曾经拥有的辉煌，也随着西方列强坚船利炮的轰击而烟消云散，中国一步步堕入了半殖民地的深渊。不甘屈服的中国人民也由此开始了救国救民、富国图强的抗争之路。从洋务运动到维新变法，从太平天国到辛亥革命，从五四运动到中国共产党领导的新民主主义革命，中国人民屡败屡战，终于认识到了"只有社会主义才能救中国，只有社会主义才能发展中国"这一道理。中国共产党领导中国人民推倒三座大山，建立了新中国，从此饱受屈辱与蹂躏的中国人民站起来了。古老的中国焕发出新的生机与活力，摆脱了任人宰割与欺侮的历史，屹立于世界民族之林。每一位中华儿女应当了解中华民族数千年的文明史，也应当牢记鸦片战争以来一百多年民族屈辱的历史。

当我们步入全球化大潮的 21 世纪，信息技术革命迅猛发展，地区之间的交流壁垒被互联网之类的新兴交流工具所打破，世界的多元性展示在世人面前。世界上任何一个区域都不可避免地存在着两种以上文化的交汇与碰撞，但不可否认的是，近些年来，随着市场经济的大潮，西方文化扑面而来，有些人唯西方为时尚，把民族的传统丢在一边。大批年轻人甚至比西方人还热衷于圣诞节、情人节与洋快餐，对我国各民族的重大节日以及中国历史的基本知识却茫然无知，这是中华民族实现复兴大业中的重大忧患。

中国之所以为中国，中华民族之所以历数千年而不分离，根基就在于五千年来一脉相传的中华文明。如果丢弃了千百年来一脉相承的文化，任凭外来文化随意浸染，很难设想13亿中国人到哪里去寻找民族向心力和凝聚力。在推进社会主义现代化、实现民族复兴的伟大事业中，大力弘扬优秀的中华民族文化和民族精神，弘扬中华文化的爱国主义传统和民族自尊意识，在建设中国特色社会主义的进程中，构建具有中国特色的文化价值体系，光大中华民族的优秀传统文化是一件任重而道远的事业。

当前，我国进入了经济体制深刻变革、社会结构深刻变动、利益格局深刻调整、思想观念深刻变化的新的历史时期。面对新的历史任务和来自各方的新挑战，全党和全国人民都需要学习和把握社会主义核心价值体系，进一步形成全社会共同的理想信念和道德规范，打牢全党全国各族人民团结奋斗的思想道德基础，形成全民族奋发向上的精神力量，这是我们建设社会主义和谐社会的思想保证。中国社会科学院作为国家社会科学研究的机构，有责任为此作出贡献。我们在编写出版《中华文明史话》与《百年中国史话》的基础上，组织院内外各研究领域的专家，融合近年来的最新研究，编辑出版大型历史知识系列丛书——《中国史话》，其目的就在于为广大人民群众尤其是青少年提供一套较为完整、准确地介绍中国历史和传统文化的普及类系列丛书，从而使生活在信息时代的人们尤其是青少年能够了解自己祖先的历史，在东西南北文化的交流中由知己到知彼，善于取人之长补己之短，在中国与世界各国愈来愈深的文化交融中，保持自己的本色与特色，将中华民族自强不息、厚德载物的精神永远发扬下去。

《中国史话》系列丛书首批计200种，每种10万字左右，主要从政治、经济、文化、军事、哲学、艺术、科技、饮食、服饰、交通、建筑等各个方面介绍了从古至今数千年来中华文明发展和变迁的历史。这些历史不仅展现了中华五千年文化的辉煌，展现了先民的智慧与创造精神，而且展现了中国人民的不屈与抗争精神。我们衷心地希望这套普及历史知识的丛书对广大人民群众进一步了解中华民族的优秀文化传统，增强民族自尊心和自豪感发挥应有的作用，鼓舞广大人民群众特别是新一代的劳动者和建设者在建设中国特色社会主义的道路上不断阔步前进，为我们祖国美好的未来贡献更大的力量。

陈奎元

2011 年 4 月

⊙张惠英

作者小传

　　张惠英，中国社会科学院语言所研究员，海南师范大学教授，美国哈佛大学哈佛燕京学社访问学者，美国华盛顿大学东语系访问学者，荷兰莱顿大学访问学者，香港城市大学中文翻译及语言学系访问学者，香港大学语言学系访问学者。

　　主要著作有：《崇明方言词典》、《金瓶梅俚俗难词解》、《汉语概说（译著）》、《音韵史话》、《汉语方言代词研究》、《语言与姓名文化——东亚人名地名族名探源》、《汉藏系语言和汉语方言比较研究》、《语言现象的观察与思考》、《朱有燉的杂剧（译著）》《崇明方言研究》、《海南长流土话》。

目 录

一 汉语音韵的特点 …………………………… 1

  1. 音韵和汉字 …………………………………… 2

  2. 音韵和方言 …………………………………… 5

  3. 音韵学的应用 ……………………………… 12

  4. 汉语是声调语言 …………………………… 18

二 现代汉语语音系统 ……………………… 21

  1. 语音常识 …………………………………… 21

  2. 北京话的声母、韵母、声调 ……………… 30

  3. 尖音字和团音字 …………………………… 32

三 《诗经》和上古音韵 …………………… 39

  1. 古人的注音方法 …………………………… 39

  2.《诗经》的押韵 ……………………………… 41

  3. 上古音声母、韵母、声调 ………………… 45

四 中古音韵 …………………………………… 50

  1. 韵书和韵图 ………………………………… 50

2. 反切 ·· 53

3. 韵与摄，等与呼 ······························· 58

4. 三十六字母，五音、七音，全浊、次浊，

全清、次清 ······························· 62

5. 中古声母 ······································ 65

6. 中古韵母 ······································ 67

7. 中古声调，阴调、阳调，平仄，舒促 ··· 71

8. 阴声韵、阳声韵、入声韵 ··············· 72

五　平水诗韵 ·· 73

六　唐诗格律 ·· 90

1. 押韵 ·· 90

2. 对仗 ·· 94

3. 平仄 ·· 98

4. 双声叠韵 ·································· 110

七　近代音 ·· 113

1. 《中原音韵》的声、韵、调 ··············· 113

2. 元曲的押韵 ·································· 120

八　汉语声、韵、调的古今演变 ··············· 134

1. 声母的演变 ·································· 134

2. 韵母的演变 ·································· 137

3. 声调的演变 ·································· 139

4. 演变规律的例外 ··············· 141

5. 禁忌语和特殊音变 ··············· 144

九　清代的古音研究 ················· 148

　　1. 段玉裁的古韵十七部 ·········· 149

　　2. 江有诰的古韵廿一部 ·········· 151

　　3. 钱大昕的"古无轻唇音"、"古无舌

　　　　上音" ···················· 153

　　4. 章太炎的"娘日归泥" ········· 156

十　瑞典汉学家高本汉的音韵研究 ········· 160

十一　赵元任、李方桂的音韵研究 ········· 168

参考书目 ······················· 174

一　汉语音韵的特点

中国音韵学实际上指的是汉语音韵学。汉语音韵学是研究汉语的声母、韵母、声调的构造及其演变的一门学科。现代语言学一般都包括语音、词汇、语法三个方面的研究，所以汉语音韵学就是汉语语言学的一个组成部分。汉语音韵学既包括当代汉语语音构造的研究，也包括汉语语音的历史研究。但现在一说音韵学，一般都理解为汉语语音的历史研究。

在中国，音韵学被称为"绝学"，反映了中国的文人学士对汉语音韵学的一般印象。所谓"绝学"，主要是因其深奥艰难，入门不易，非大智大慧聪明过人者不能领悟其高妙。这是绝顶高超之学的意思。又因其属阳春白雪，能唱的不多，能和的更少，文人学士可以吟诗作赋、著书立说，但一说到音韵平仄，就望而生畏，因而后继乏人。这是濒临灭绝的意思。应该看到，音韵学是有它不同于其他学科的难点或特点，特别是在录音机、语音分析仪器发明之前，在一套通用的音标符号产生之前，就凭着古代的韵书韵图、诗词韵文的押韵、谐声和通假等手段，来研究汉语音韵的构造和演变，确实是举步维艰，易入迷途。而到了今天，科学仪器、音标符号已广泛使用，加上各地方言调查的逐步展开，音韵知识的学习和音韵学的研究，如果和各地的方言实际相联系，就不只是可以进行，而且是可以取得更大的成就。

 音韵和汉字

汉字不是拼音文字。相对于拼音文字而言，汉字可以算是一种表意文字。事实上，从数量上看，汉字并非全部都是表意的，相反，绝大部分是形声字，也就是说绝大多数汉字是既表意也表音的。东汉时《说文解字》的著者许慎就指出，汉字构造有六种方法：象形、指事、会意、形声、转注、假借。象形如"日、月"，指事如"上、下"，会意如"信（人言为信）、公（背私为公）"，转注如"考（老也）、老（考也）"。这四种造字方法当然是表意的，但毕竟是少数。而形声如"江、河"，假借如"求"（原指毛皮，后来借用为请求的求）、"来"（原指小麦，后来借用为来往的来），就都是表音的。所以，从绝大多数的汉字看，我们可以说，汉字的性质是既表意也表音。当然，如果我们只看到几笔几划的方块文字，而不能入木三分地看到音义借以寄托的汉字构造部件，不能整体地、系统地看汉字的条理类别，那么汉字就只能是些古人随手画成的线条或图像。

尽管如此，我们不能不看到，汉字确实不像印欧语言的那些拼音文字，汉字的横、竖、撇、捺、点、勾，确实让大家头晕目眩，意义已经难以捉摸，更何况隐于形体背后的声音。这就是为什么中国古代有诸子百家各种哲学流派，有诗经、楚辞、汉赋等发达的文学艺术，有《说文解字》、《尔雅》、《方言》、《释名》等文字、训诂著作，唯独音韵之学，直到隋朝仁寿元年（601年），即公元7世纪之初，才有了一本完整的、分析确切的韵书《切韵》。在此之前虽然已有晋吕静的《韵集》、梁夏侯咏的《韵略》、北齐阳休之的《韵略》、北齐李季节的《音谱》，但在体例上和音韵分析上，都还未成熟。只有《切韵》的出现，才标志了汉语音韵学的正式确立。汉语音韵学的姗姗来迟，不能不归咎于汉字的不标音这一特点。这使得我们的先人走过了漫长的路途，才摸到音韵这门学科的门槛。

当然，话还要说回来，汉字的历史功绩是伟大的，它对几千年来中华民族的统一，起到了它独有的作用，它对亚洲邻国的日本、朝鲜、越南等国的文化交流，起到了它独有的作用。不只历史上是如此，在当代，汉字依然在为中华民族、为邻国友邦起着它的伟大作用。

汉字对于音韵学的研究，有它不利的一面，使人们难于从笔画形体入门；但它也有给人方便的一面，这是说，正因为汉字不标音，所以同一个汉字，各地就可以按当地的方音去读。例如："一"字，北京话读阴平调的［i］，上海话读阴入调的［iɐʔ］，广州话读阴入调的［jɐt］，海口话既可以读阴入调的［it］，也可以读阳入调的［ziak］。有人半开玩笑地说过，"日本"这两个字，用汉语方言去读，听起来就有像北京话的"一本"、"二本"、"四本"、"六本"、"十本"等多种说法。所以，由于汉字的不标音性，同一个字各地方言可以按方音去读，即使听不懂，但写出来就谁都懂了，就用不着另外创造一套方言文字了。在欧洲，荷兰文和德文在读音上的区别，远不如北京话和广州话之间差别那么大，但荷兰文和德文就得有两种不同的文字。

汉字的形声字造字方法，也给古音研究提供了方便。清人就提出，同声则同部，就是说同一个声旁的字，在古代属同一个韵部。例如以"亥"作声旁的"亥、该、垓、孩、陔、赅、刻、核"就属同一个韵部。以"翏"作声旁的"膠、谬、缪、嫪、瘳、戮、蓼"就属同一个韵部。又如"工、扛、讧、虹、江、肛、贡、功、攻、空、红"等从工而属同一个韵部。"思、腮、崽"从思而同韵部。《诗经·郑风·子衿》"青青子佩，悠悠我思，纵我不往，子宁不来"，"思、来"押韵，这和"思、腮"同一个韵部的道理正相一致，"腮、来"今都读 ai 韵。

汉字作为记录语言的书写符号，比起拼音文字来，另有它灵活方便之处。例如海南海口、琼山、文昌等地的方言，把普通话常用的字，按其意义念成各自方言中用的另一个字，不是一个两个字，而是有数十个常用字都这样。例如：

"他"读成"伊"i（阴平调）

"语"读成"话"ue（阴平调）

"代"读成"替"hi（阴去调）

"小"读成"细"tɔi（阴去调）

"首"读成"头"hau（阳平调）

"售"读成"卖"vɔi（阴平调）

"桌"读成"床"so（阳平调）

"黑"读成"乌"uɔ（阴平调）

"打"读成"拍"fa（长入调）

"拿"读成"掠"lia（阳去调）

"子"读成"囝"kia（阴上调）

"字"读成"书"tu（阴平调）

"始"读成"初"so（阴平调）

"怒"读成"恼"nau（阴上调）

"伪"读成"假"kɛ（阴上调）

"盗"读成"贼"sak（阳入调）

汉字的这种灵活妙用，体现了作为书写符号以便交际的实质。这对搞音韵、方言的研究者来说，无疑增加了难度，但同时也增加了乐趣。

❷　音韵和方言

自古以来，汉语把北方中原地区的方言作为汉民族的共同语。除此以外，还有丰富复杂的南方地区的各种方言。那么，音韵学和方言之间的关系又从何说起呢？

汉语音韵一般是指汉语共同语的声韵调结构及其历史演变。因此，人们就很自然地以为音韵学的研究和方言研究是不同的两种学科，无所关联。其实，作为汉语共同语的北方话，包括北京话，也是一种汉语方言，只是历来被确定为汉族的共同语，因而其作用大于其他方言而已。从这一点上说，研究汉语音韵也就包括研究方言音韵。

关于音韵和方言之间的密切关系，是经历了漫长的历史过程才被认识到的。汉朝的扬雄（公元前53～18年）著有《方言》一书，主要收集方言词汇，并简单地加以释义，不涉及某个方言的声韵描写，所以和音韵的研究无所关联。隋唐以后，开始了音韵学的研究，但限于编撰《切韵》、《广韵》一类韵书，以及《韵镜》、《切韵指掌图》之类的韵图。虽然这些韵书、韵图很可能吸取了方言中存在的某些声母韵母上的细密分类，但总的看来，和方言的具体分析无关。清代学者如段玉裁、王念孙等人，有时也用方言词的用法训释词义，但他们还不懂得利用方言读音研究古音。还有章太炎的《新方言》、吴文英的《吴下方言考》都是考方言本字，既非方言的语音研究，也非方言和音韵的综合研究。当然，值得提出的是，清人钱大昕的古音声母考证，如"古无轻唇音"、"古无舌上音"这两条发现，章太炎关于古音声母"娘日归泥"说，都已开始利用方言读音来证实他们的研究所得（详见第九章）。

到了20世纪初期，瑞典汉学家高本汉在中国待了多年，利用瑞典方言研究方法，调查了 33 种中国方言；还用了汉字在日本、朝鲜、越南的读音，研究了《切韵》、《广韵》代表的中古音系，构拟了中古汉语的声、韵、调系统（详见第十章），开创了用方言研究汉语音韵的新时代。近一个世纪以来，海内外学者经过对汉语方言和音韵的进一步研究，对音韵与方言之间的关系，就认识得更清楚了。

首先，方言是音韵研究的活材料。例如，我们从吴语、湘语的浊音声母 [b]、[d]、[v] [dz] [z] [dʑ] [z] [g] [ɦ] 中，看到了中古音全浊音声母的整个系统，因而知道中古音除了方言中现存的浊音声母外，实际上还有澄母 [ɖ]，船母 [dʑ] 等浊音声母。我们从北京话的卷舌声母 [tʂ]、[tʂ']、[ʂ] 中，看到中古音的"章、昌"、"船、书"这套声母，也就是北京话那样的卷舌声母，只是还要加上浊音卷舌音 [dʐ]。

又如，中古音有入声，但这个入声是什么样的声音呢？今北方如山西、河南有些地方也有入声，有的是用喉塞音 [ʔ] 来收尾，有的并无喉塞音尾，只是声调自成一类罢了。江浙的吴语也只有喉塞音尾，所以"急、吉、击"三字完全同音，都是 tɕiəʔ（阴入调），看不出古音"急"属缉韵、"吉"属质韵、"击"属锡韵的道理。但我们参照粤语、闽语这些南方方言，就知道"急"收-p尾，"吉"收-t尾，"击"收-k尾。所以中古的入声可以构拟为有-p、-t、-k 三种辅音韵尾。在这一点上，北方话有入声的方言，或吴语方言、苏北方言，都没反映出古入声韵尾的原貌，对构拟古入声韵尾帮助不大。

总之，不管是北方话，还是南方话，各种方言都或多或少地反映了古音在声母或韵母或声调上的一些特点、痕迹。没有方言这种活材料，我们对古音的了解就不可能明白，就没有那种具体的感受，就不可能进行古音的构拟。20 世纪的新的科学的音韵学，和清代学者古音研究的区别，就在于新的音韵学把方言作为音韵研究的活材料，而不像清人不注意方言的应用，只从书面了解和区划古音的音类。当然，懂得方言的重要性是一回事，如何利用方言材料又是一回事。李方桂、赵元任之所以在音韵学上有卓越的贡献，就因为他们对话的语言、方言都有深入的研究。

音韵和方言的密切关系还表现在：方言语音的研究，也常可以用来证实古韵书关于音类的区分。

同样，方言语音的研究可以丰富汉语音韵的研究，犹如方言研究可以丰富汉语现状和历史的研究一样。有些方言现象，不只是普通话中未见，而且在古韵书中也无记载，在过去的音韵史中也未见。

拿声调来说，中古音系自隋唐以至宋朝，都是平、上、去、入四个调类。但吴语方言如崇明话等，就有八个声调：古音所有的平、上、去、入又根据声母的清浊而分化为阴平、阳平、阴上、阳上、阴去、阳去、阴入、阳入。例如：

阴平　55 调：刚知专尊丁开粗天安

阳平　24 调：陈床才人娘鹅龙平扶

阴上　424 调：古展纸走短好比草体

阳上　242 调：女五买武近柱是稻坐

阴去　33 调：正醉变爱抗唱去菜怕

阳去　313 调：共阵助大害谢饭岸用

阴入　ʔ5 调：急竹职得曲出七各尺

阳入　ʔ2 调：六麦物药局宅白俗读

闽语、粤语等方言也有八个或七个或九个声调的，由于那些方言没有和古音相应的浊音声母，所以这些方言声调的区分阴调阳调，不是根据清浊声母的不同，而是只凭调值的不同。

广州话的声调，除了平、上、去、入各分阴阳而得八个声调之外，它的入声还多了一个中入。也就是说，广州话的入声有阴入、阳入、中入。这个中入调，是从阴入调中分化出来的，如"各桌责接却尺法切"等字，分化的条件是据元音的长短，长元音的读阴入调，短元音的读中入调。也有把阴入、中入称作上阴入、下阴入。

广州话有三个入声，这在古韵书中未见。在南方的方言中，海南的海口、琼山，入声也有三个。除阴入、阳入外，还有一个长入。这长入调没有-p、-t、-k 辅音韵尾，主要由古阴入调字演变而来，如"八拍扎答插塔鸭壁僻锡迹摘赤拆杀擦割阔喝百责册格歇郭血"等字。阴入读短调5，长入没有辅音韵尾，读阴入的长调55。

方言除了有三个入声之外，去声也有分成三个的。例如海南的文昌、琼东、乐会、定安、陵水，除了阴去、阳去外，还有一个高去调。从文昌话看，这个高去调是从阴去和阳去分化出来的，例如"闭视蒂虑稚絮愈炬艺募杜努诉沪爸稼簸棵座卧佩昧队内翠伪溃谓慧靠诰掉兆少贸逗苟厚售扭宙佑袖歉盼旦宴叛段传愿玩患缅迅韧燕问妄巷橡上匠映命茎杏孟俸仲冻弄"等字。

再拿声母来看，汉语的特点是有一套清声母送气音，和不送气音有严格的区别。例如：

$$p - p'\quad 包 \neq 抛$$

$$t - t'\quad 东 \neq 通$$

$$ts - ts'\quad 子 \neq 此$$

$$k - k'\quad 该 \neq 开$$

有送气音声母这一点，不只普通话是这样，北方话及南方各大方言也是这样，而且汉语从古至今都保留有这个送气音特点，古清音送气声母"滂、透、彻、清、穿、溪"今音也都读送气音。可是海南的海口、琼山、文昌等不少地方，这些古清音送气声母，都读成无所谓送气不送气的擦音声母 [ɸ]、[s]、[x]、[h] 了。例如文昌话：

古滂母　抛 [ɸa]（阴平调）

拍 [ɸaʔ]（阴入调）

破 [ɸua]（阴去调）

配 [ɸui]（阴去调）

古透母　推 [xe]（阴平调）

挑 [xio]（阴平调）

烫 [xo]（阴去调）

铁 [xiʔ]（阴入调）

塔 [xaʔ]（阴入调）

古清母　妻 [si]（阴平调）

取 [si]（上声）

请 [sia]（上声）

猜 [sai]（阴平调）

草 [sau]（上声）

餐 [san]（阴平调）

古穿母　察 [sat]（阴入调）

川 [suan]（阴平调）

倡 [saŋ]（阴去调）

穿 [siaŋ]（阴平调）

厂 [siaŋ]（上声）

古溪母　课 [xua]（阴去调）

糠 [xo]（阴平调）

客 [xeʔ]（阴入调）

开 [xui]（阴平调）

气 [xui]（阴去调）

丘 [xiu]（阴平调）

由于海南很多地方都没有送气音声母，连带着古浊音声母平声字也都读成擦音声母或同部位的不送气清音，而古浊音声母平声字在北京话等北方话中都读同部位的送气清音。例如：

古並母　嫖　[ɸiau]（阳平调）

　　　　牌　[ʔbai]（阳平调）

古定母　桃　[xo]（阳平调）

　　　　条　[ʔdiau]（阳平调）

古澄母　除　[su]（阳平调）

　　　　厨　[ʔdu]（阳平调）

古从母　曹　[sau]（阳平调）

　　　　槽　[to]（阳平调）

古床母　床　[so]（阳平调）

　　　　蛇　[tua]（阳平调）

古群母　琴　[xiom]（阳平调）

　　　　旗　[ki]（阳平调）

　　所以，海南人学说普通话，在送气音声母上就有困难。我们可以听到，海南人学"他们"这个词时，就说成"哈门"；说海南岛中部一个城市名"通什"时，就说同普通话的"轰什"了。

　　以上所举方言中有三个入声、三个去声，以及没有送气音声母这些现象，是过去音韵学还没有谈到的，实际上这些方言现象丰富了音韵学的内容，本身就是汉语音韵中的一种现象，一个方面。

 3　音韵学的应用

　　音韵学的兴起虽较晚，但人们利用声韵协调、节奏有间之美，以作文吟诗，如讲究押韵、平仄、双声叠韵之类，由来已久。这是说，人们自古以来有意无意地应用音韵、声律之类来创作文学，增加作品的感染力。

　　古人也有意识地用声音相同或相近的词来注解字义，以探索语言文字的本义。东汉经学家刘熙（字成国），著有《释名》27篇，就是从声音上来解释事物名称的由来。例如：

　　　　"日，实也，光明盛实也"。

　　　　"月，阙也，满则［复］阙也"。

　　　　"星，散也，列位布散也"。

　　　　"春，蠢也，万物蠢然而生也"。

　　　　"冬，终也，物终成也"。

　　　　"身，伸也，可屈伸也"。

　　　　"皮，被也，被覆体也"。

　　　　"脊，积也，积续骨节终上下也"。

　　　　"彗星，光梢似彗也"。

　　这种以同音字、同韵或韵近的字、或声同声近的字来释义的方法，在训诂学上就叫作做训（或音训），就是以声求义。

　　刘熙在《释名》中所作的声训，虽然有些是不无道理的，但大多数是出于主观的推想，没有实际的根据，也非系统的探索，因而缺乏科学性。但这种因声求义的方法，乃至音韵学和训诂考据的密切的关系，则是很有启发作用的，或者说揭示了音义之间的某些关系。

音韵学的作用，首先就是可作为训诂、考据的一条重要途径。这一点，在清朝治经学、史学、小学的大学者中认识都比较明确。尤其是段玉裁和王念孙、王引之父子，更是极力提倡读经治学时，必须以音求义，而不是为字形所拘束。段氏说过音韵明而六书明，六书明而古经传无不可通。王念孙在给段氏《说文解字注》的序中说到，有的人读书，只知道辨点画之正俗，只懂得篆、隶的繁简，还沾沾自喜以为有学问，实际上对转注、假借的通例无所知，这是只知道有文字而不知道有声音训诂。王念孙作《广雅疏证》，自谓"殚精极虑"，达十年之久。他的体会是"训诂之旨本于声音"，他的做法是"就古音以求古义，引伸触类，不限形体"。王引之对古经传中多同音通假这点认识很深，他指出，许慎所谓六书中的假借，是"本无其字，依声托事"，是说造字时，借用已有的字表示语言中同音而不同义的词；"至于经典古字，声近而通，则有不限于无字之假借者，往往本字见存，而古本则不用本字，而用同声之字"。例如借"光"为"广"，借"有"为"又"，借"蛊"为"故"，借"贡"为"功"，借"犹"为"由"，借"粒"为"立"，借"考"为"巧"，借"阅"为"说"，借"哲"为"折"，借"直"为"职"等。

王氏父子以音求义的训释方法，现举王引之《经义述闻》中"有、犹豫、从容"三例于下：

　　　　有。家大人曰，有与友古字通，故友训为亲，有亦可训为亲。友训为爱，有亦可训为爱。《诗经》王风葛藟篇"谓他人母，亦莫我有"，"莫我有"言莫我亲爱也。

犹豫。家大人曰，犹豫双声字也，字或作犹与，分言之则曰犹曰豫。《管子》君臣篇曰，"民有疑惑贰豫之心"。《楚辞》九章曰，"壹心而不豫兮"。王逸注"豫，犹豫也。"嫌疑、狐疑、犹豫、踟蹰，皆双声字。后人误读狐疑二字，以为狐性多疑，故曰狐疑。又因《离骚》犹豫、狐疑相对为文，而谓犹是犬名，犬随人行，每豫在前，待人不得，又来迎候，故曰犹豫。或又谓犹是兽名，每闻人声，即豫上树，久而复下，故曰犹豫。或又以豫字从象，而谓犹豫俱是多疑之兽。以上诸说，具见于水经注、颜氏家训、礼记正义及两汉书注、文选注、史记索隐等书。夫双声之字，本因声以求义，不求诸声而求诸字，固宜其说之多凿也。

从容。《楚辞》九章怀沙篇，"重华不可遻兮，孰知余之从容"。王逸注曰，"从容，举动也。"（《广雅》同。）家大人曰，从容有二义，一训为舒缓，一训为举动。其训为举动者，字书韵书都不载其义。《庄子》田子方篇曰："进退一成规一成矩，从容一若龙一若虎。"举动谓之从容，跳跃谓之竦踊，声义并相近，故竦踊或作从容。《史记》吴王濞传，"晁错数从容言吴过可削"。从容，即怂恿。

音韵学之用于考据、订正，又如白居易《琵琶行》头两句："浔阳江头夜送客，枫叶荻花秋瑟瑟。"因为第三、四句"主人下马客在船，举酒欲饮无管弦"换韵，所以第一、二句必须押韵。但是"客"是-k尾字，"瑟"是-t尾字，白居易诗押韵一般都很讲究，不会有此疏忽。有的就把"瑟"改作"飒"，是-p韵尾字，还是不押韵。我们知道，宋本白氏集"瑟"作"索"，唐宋时引此诗也都作"索"，"索"是-k尾字，和"客"押韵。所以，从音韵学知识可判断，作"瑟"作"飒"，都是后人因不明声韵而作的误改。

音韵学不仅可用于对古书旧籍的训释、考据，也可用来考订当今的字音，为现实服务。现代杰出语言学家丁声树（1909～1989）于1943年发表了《"碚"字音读答问》，订正了字书还无考的作地名用的"碚"字的读音。四川北碚的"碚"，本地人读去声，音如加倍的"倍"，外乡人都读阳平，音如栽培的"培"。哪一种是正读呢？"北碚"这个地名不见于旧籍记载，而湖北宜昌西北的"虾蟆碚"、"荆门十二碚"，在两宋人书中常见。丁声树据文献中又作"背"、"倍"的异写，据南宋人项安世"［碚］音佩"的记载，根据今天本地人的读音，确定"碚"读同"倍"是历史沿用的正音。江浙吴语"佩"音同"倍"，浊音培母去声字，北方"佩"读同"配"是特殊音变，不合语音演变规律。丁声树还在文末说到"綦江"、"犍为"的读音："川省地名，他方人误读者，不仅北碚一例。綦江之'綦'本音旗帜之'旗'，犍为之'犍'本音乾坤之'乾'，每闻他方人呼'綦'如'基'，呼'犍'如'健'，而本省人则未尝误。盖口耳相传，易存旧读，而望文为音，辄致讹变，亦语文之通例然也。"

丁声树还考订了山西南部匼河镇"匼"的读音。晋南本地人，"匼"音为 kē，但《康熙字典》及以后的字书如《辞源》、《中华大字典》、《辞海》、《国语辞典》等，都沿用元代《韵会举要》和明代《洪武正韵》的反切"邬感切"，读成 ǎn 了。而辽代僧行均的《龙龛手鉴》的"匼"字读音为"苦合反"，和本地人读的 kē 音相应。丁声树根据"匼匝"在古代诗文中也作"庯匝"、"铪匝"、"礚匝"等异写，根据《集韵》"庯（庯）"音渴合切、李善本《文选·江赋》中"匼"注"苦合"音的记载，考订本地读音 kē 为正音。

我们看到，像王氏父子及现代语音学家所采用的把音韵学作为手段来解决实际问题的方法，可被称为实用音韵学或应用音韵学。音韵学是有用的，实用音韵学更是一门有前途的学问。

音韵学与现代推广普通话、调查方言的关系密切，那道理是非常明白浅显、不必多说的了。有了音韵学知识，再去学习普通话，或者为推广普通话做工作，那就可谓驾轻车就熟路一般了。同样，调查方言可丰富音韵宝库；反过来，对音韵学的深入了解，也可以更多地发现方言中的一些特殊现象。可谓相辅相成，相得益彰。

4 汉语是声调语言

汉语和印欧语系英、法、德等语言的一个最大的不同点，就是汉语是声调语言，从邻近的语言看，北边阿尔泰语系的突厥语、蒙古语、通古斯语，还有日语、朝鲜语，都是无声调的语言。西边和西南边的藏缅语族的藏语也无声调。南边的苗语、瑶语、泰语等则也是有声调的语言。所以，汉语常被看做是声调语言的一个代表。

很自然，讲究文章声韵之美的齐梁文人就利用平上去入四声的抑扬顿挫来吟诗作赋，唐宋文人又以平仄来调诗词格律。但对于一般人来说，虽然天天在说有声调的话，但"习焉不察"，并不能了解和辨别四声。虽然文人学士，乃至帝王天子，也不见得能识别声调。《梁书·沈约传》就记载："〔沈约〕撰《四声谱》，以为在昔词人，累千载而不寤，而独得胸衿，穷其妙旨，自谓入神之作。高祖雅不好焉。帝问周捨曰：'何谓四声'？捨曰：'天子圣哲'是也，然帝竟不遵用。"这则故事见于史书，是说梁武帝也不辨四声，周捨就近取譬，用"天子圣哲"来说明平上去入四个调，可梁武帝还不能理解和应用。《旧唐书·杨绾传》也记有一个有关声调的故事："〔杨〕绾生聪惠，尝夜宴，亲宾各举坐中物以四声呼之。诸宾未言，绾应声曰灯盏柄曲。众咸异之。"这是说杨绾生性聪明，能以"灯盏柄曲"代表平上去入四个声调应对，使人们感到惊异。从这些历史记载看，自古以来，要辨别平上去入四个声调，不是一件易事。

中国古代的韵书，从隋仁寿元年（601 年）完成的《切韵》到后来的《广韵》、《集韵》等，是音韵学的主要著作，也是当时用来正音的规范用书，都是首先以平、上、去、入四声为纲，然后再以韵为目，如《广韵》206 韵，分为平声 57 韵（包括上平声 28 韵，下平声 29 韵），上声 55 韵，去声 60 韵，入声 34 韵。当时人们要查韵书，如不辨四声，就难于下手。当然我们现在重印的韵书，不少在后面附上笔画索引或四角号码索引，以便查阅。

由于声调不易辨别，后人就模仿"天子圣哲""灯盏柄曲"编成成语歌诀之类，以便初学者入门。例如清人王鉴编写《四声纂句》，每句是平、上、去、入四个字：

风洒露沐　民喜岁熟　为善最乐　乡里叹伏
歊满器覆　诒子燕翼　文武是式　先本后末
河海静谧　泾以渭浊　情好甚笃　杯酒自适
兄弟既翕　情感意浹　兰桨桂楫　轻艇坐盍

赵元任用北京的阴平、阳平、上声、去声四个调类，拟有成语三十二句：

中华语调　高扬起降　开门请坐　分别长幼
灾情很重　要求免税　修桥补路　生财有道

诸承指教	非常感谢	说完好话	偏来打岔
张王李赵	专门捣乱	荤油炒肉	偷尝两块
酸甜苦辣	稀奇古怪	七侠五义	青龙宝剑
三国演义	英雄好汉	爹拿椅坐	缺乏笔墨
偏旁写错	斯文扫地	登楼远望	天晴雨过
山明水秀	非常好看	阴阳上去	诸如此类

　　这些声调四字句，既是文字游戏，也可便于人们初学。

二　现代汉语语音系统

 语音常识

　　语音是什么？语音就是人们说话的声音。人们打嗝、咳嗽、哭或笑等发出的声音不是语音。鸡鸣狗叫、鸟语狼嗥当然更不是语音。孩子喊 bà，父亲就答应；喊 mā，母亲就回应。"包书"不同于"抛书"，"饱了"不同于"跑了"。人们每天在说话，说给别人听，也说给自己听（自言自语），人们每天在听别人说，也听自己说。语言伴随人类而产生，语音是语言的外壳，人们使用语言，发出语音，但不一定能分析语音。语音学就是以语音为研究对象的一门科学。

　　要理解汉语音韵，必须了解语音学的基本常识，以此作为入门的手段。如果没有语音学这个入门手段，音韵学就难免是又玄又虚的玄学或绝学了。

　　下面，我们先交代国际音标、元音、辅音、送气音、不送气音、清音、浊音、鼻音、边音、音节等一些基本概念。

　　国际音标　音标是一套记录语音的符号。如同学算

21

术要用一套数目字一样，讨论语音，就要有一套音标。中国过去有一套注音字母，也叫注音符号，就是ㄅㄆㄇㄈ（万）ㄉㄊㄋㄌㄍㄎ（兀）ㄏㄐㄑ（广）ㄒㄓㄔㄕㄖㄗㄘㄙ、ㄚㄛㄜㄝㄞㄟㄠㄡㄢㄣㄤㄥㄦㄧㄨㄩ，是用来给汉字注音的。虽然有加括号的（万）（兀）（广）用来拼写方言，但这些注音符号只能标出北京话及相近的北方话，南方复杂的方言仅凭其中十六个韵母是断然不够的。

后来我们有了汉语拼音方案，是1958年2月11日经全国人民代表大会通过批准使用的。这套方案采用拉丁字母，并用附加符号表示声调。但这套方案是用来拼写普通话语音的，没法用来拼写方言语音，也没法用它来转写别国的语音。

现在中国是用国际音标来描写方言的语音，或构拟古音，也用它来标注外语读音。国际音标是国际语音学会制定的标音符号。初稿在1888年发表，后来经过不断的修改，内容逐渐完备，各种语言常用的音都有适当的符号。形式以拉丁字母的小楷为主，又加以补充。这套国际音标不仅在中国通用，在国外也应用较广。本书中，凡用拼音方案标普通话语音时，不加括号；凡用国际音标注音或转写时，均加上音标括号。国际音标表见本书第24～25页。

如英语用国际音标标音，见《现代高级英汉双解辞典》（1970年初版）：

angel [ˈeindʒəl] 天使

beach〔biːtʃ〕海滨

dank〔dæŋk〕阴湿

English〔'iŋgliʃ〕英语

god〔gɔd〕神

　　汉语用国际音标标音，声母韵母可以用国际音标，声调则用五度制的声调符号（赵元任所创）来标，或者把调值标在右上角。下边以北京话为例。

中〔tʂoŋ˥〕或〔tʂoŋ⁵⁵〕

国〔kuo˧˥〕或〔kuo³⁵〕

我〔uo˨˩˦〕或〔uo²¹⁴〕

去〔tɕ'y˥˩〕或〔tɕ'y⁵¹〕

　　元音　元音是发音时口腔没有阻碍的音。如汉语拼音方案的 i u ü a o ai ou 等。元音发音时，因为舌位的高低前后而分为高元音：如〔i〕〔u〕〔y〕。低元音：如〔a〕〔ɑ〕。前元音：如〔i〕〔e〕。后元音：如〔u〕〔o〕。又因为嘴唇的位置而分为圆唇元音和不圆唇元音。圆唇元音：如〔o〕〔u〕〔y〕，不圆唇元音：如〔i〕〔e〕〔a〕。

　　元音和韵母不同。元音是一般语音学名称。韵母是汉语音韵学名称。韵母可以由元音（简单的或复合的）构成，如 gē（哥）中的 e，jiā（家）中的 iɑ；也可以由元音和辅音构成，如 zhāng（张）中的 ɑng，biān（边）中的 iɑn。

23

国际音标表

方法		部位	双唇	齿	齿间	舌尖前	舌尖后	舌叶（舌尖及面）	舌面前	舌面中	舌根（舌面后）	小舌	喉壁	喉
辅音	塞	清 不送气	p			t	ʈ		ȶ	c	k	q		ʔ
		清 送气	p'			t'	ʈ'		ȶ'	c'	k'	q'		ʔ'
		浊 不送气	b			d	ɖ		ȡ	ɟ	g	ɢ		
		浊 送气	b'			d'	ɖ'		ȡ'	ɟ'	g'	ɢ'		
	塞擦	清 不送气		pf	tθ	ts	tʂ	tʃ	tɕ					
		清 送气		pf'	tθ'	ts'	tʂ'	tʃ'	tɕ'					
		浊 不送气		bv	dð	dz	dʐ	dʒ	dʑ					
		浊 送气		bv'	dð'	dz'	dʐ'	dʒ'	dʑ'					
	鼻	浊	m	ɱ		n	ɳ		ȵ	ɲ	ŋ	ɴ		
	滚	浊				r						ʀ		
	闪	浊				ɾ	ɽ					ʀ		
	边	浊				l	ɭ			ʎ				

方法＼部位	双唇	齿唇	齿间	舌尖前	舌尖后	舌叶(舌尖及面)	舌面前	舌面中	舌根(舌面面后)	小舌	喉壁	喉
辅音 边擦 清				ɬ								
辅音 边擦 浊	ɥ			ɮ								
辅音 擦 清	ɸ	f	θ	s	ʂ	ʃ	ɕ	ç	x	χ	ħ	h
辅音 擦 浊	β	v	ð	z	ʐ	ʒ	ʑ	j	ɣ	ʁ	ʕ	ɦ
辅音 无擦通音及半元音 浊	w	ʋ		ɹ	ɻ			j(ɥ)	ɯ(w)			

元音

	双唇（圆唇元音）	舌尖前（舌尖元音 前）	舌尖后（舌尖元音 后）	舌面中（舌面元音 前 央）	舌根（舌面元音 后）
高	(ɥ ɥ y u)	ɿ ʮ	ʅ ʯ	i y ɨ ʉ	ɯ u
半高	(ø o)			e ø	ɤ o
半低				ɛ œ ɜ	ʌ ɔ
低	(ɒ)			a ɶ	ɑ ɒ

25

元音一般指的是舌面元音。在汉语普通话和方言中，还有一些舌尖元音和鼻化元音。

北京话里有两个不圆唇的舌尖元音。一个是不圆唇舌尖前元音 [ɿ]，如"子""次""思"中的韵母，拼音方案作 i，是拼 z c s 的那个 i。一个是不圆唇舌尖后元音 [ʅ]，如"之""吃""时"中的韵母。拼音方案也作 i，只拼 zh ch sh。

上海话有一个不圆唇的舌尖前元音 [ɿ]，如"紫"[tsɿ]，有一个圆唇的舌尖前元音 [ʮ]，如"书"[sʮ]。湖北云梦话有一个圆唇的舌尖后元音 [ʯ]，如"书"的声韵母为 [ʂʯ]。

鼻化元音是发音时鼻腔口腔都通气的元音。如昆明方言的"音"是 [ĩ]，"恩"是 [ə̃]，上海话的"樱桃"的"樱"[ã] 和"骯"[ɑ̃]。在元音的音标上加个波浪线就表示鼻化元音。

辅音 辅音是发音时口腔有阻碍的音。

辅音的发音部位有双唇的，如 [p] [p'] [m]；有唇齿的，如 [f] [v]；有舌尖的，如 [t] [t'] [d] [n] [l] [ts] [ts'] [dz] [s] [z]；有舌面的，如 [tɕ] [tɕ'] [dʑ] [ɳ] [ɕ] [ʑ]；有卷舌的，如 [tʂ] [tʂ'] [dʐ] [ʂ] [ʐ]；有舌根的，如 [k] [k'] [g] [ŋ]；有喉部的，如 [ʔ] [h] [ɦ] 等。

辅音的发音方法有塞音：[p] [t'] 等；塞擦音：[ts] [dz] 等；擦音：[s] [h] 等；鼻音：[m] [n] 等；边音：[l] [ɬ] 等。

辅音和声母不同。辅音是一般语音学的名称。声母是汉语音韵学的名称。声母由辅音组成，但辅音既可以作声母，也可以作韵尾，如"南"［nan^{35}］字音中的［n］，同时作声母和韵尾。辅音还可以自成音节，如上海话的［ŋ］（五、鱼）、崇明话的［ņ^{242}］（你）、杭州话的［l］（儿）等。

送气音和不送气音。辅音发音时有一个除阻的阶段，尤以塞音和塞擦音为明显。除阻时呼气强度大的为送气音，如［p'］［t'］［ts'］［tç'］［k'］等。除阻时不冲出气流的是不送气音，如［p］［t］［ts］［tç］［k］等。

汉语普通话和方言都有送气音和不送气音的区别，用来区别不同的意义。例如：

边 biān［pian^{55}］　　偏 piān［p'ian^{55}］

点 diǎn［tian^{214}］　　舔 tiǎn［t'ian^{214}］

该 gāi［kai^{55}］　　开 kāi［k'ai^{55}］

租 zū［tsu^{55}］　　粗 cū［ts'u^{55}］

英语没有送气音和不送气音的区别，英语字母 p、t、k 只在 s 后读不送气音，由于这种发音习惯并非用来区别意义，所以英语字典注音时都没有标出送气与不送气的不同来。例如：

park［pɑ:k］公园　　spark［spɑ:k］火花

pin［pin］针　　spin［spin］纺

till［til］直到……止　　still［stil］仍旧

tone［toun］音调   stone［stoun］石头

tool［tu:l］工具   stool［stu:l］凳子

car［kɑ:］小汽车   scar［skɑ:］伤疤

cool［ku:l］凉   school［sku:l］学校

king［kiŋ］国王   skin［skin］皮肤

kill［kil］杀死   skill［skil］技能

英语 stone（石头）如果读成［st'oun］，音译可为"四通"，这只能说是发音不标准，并不因和别的词同音而造成意义上的变化，也就是说 t 无论读送气或不送气，不造成意义上的区别。

清音和浊音 清音指发音时声带不颤动的辅音，如［p］［t］［k］。浊音指发音时声带颤动的辅音，如［b］［d］［g］。吴语有一套浊音声母，如［b］［v］［d］［dz］［z］［dʑ］［ʑ］［g］［ɦ］等，所以"急"和"极"，"拨"和"帛"，"黑"和"合"声母都不同。一般认为，鼻音、边音都是浊音，但在吴语中，鼻音、边音却各有清浊两套。如"妈"是清鼻音声母［ʔm］，"买"是浊鼻音声母［ɦm］。"捏"是清边音声母［ʔl］，"犁"是浊边音声母［ɦl］。

北京话、广州话、闽语、客家话等，都没有成套的浊音声母。吴语和湘语有不少浊音声母。英语、法语、德语都有浊辅音。例如英语：

bear［bɛə］熊   pear［pɛə］梨

bay［bei］海湾   pay［pei］支付

dip［dip］浸　　　　tip［tip］小费

dime［daim］十美分　time［taim］时间

zeal［ziːl］热心　　　seal［siːl］封

由于北京话没有这种清浊音的对立，所以北京人学英语时分辨清浊音是一个难点。

音节　音节是由一个音或几个音组成的语音单位，其中包含一个比较响亮的音。这个响亮的音一般是元音，还常有辅音在元音之前或后。例如英语 I［ai］（我）是由元音组成的单音节词。see［siː］（看）是由元音和前头的一个辅音组成的单音节词。egg［eg］（蛋）是由元音和后头的辅音组成的单音节词。single［siŋgl］（单个的）可以看做是两个音节的词。communication［kəmjuːnikeiʃən］（通信）是五音节词。

汉语一个字就是一个音节，一个音节写成一个字。例如"唱"chàng、"歌"gē、"跳"tiào、"舞"wǔ等。

汉语中也有两个字合成一个音节的，如北京话的"仨"sā，是"三个"的合音；"甭"béng，是"不用"的合音；这些字叫做合音字。合音字在汉语中很少见。

汉语方言中也有辅音自成音节的，如上海话的"鱼"［ŋ̩］、"姆"（姆妈，称母亲）［m̩］，崇明话的"你"［n̩］。这种辅音自成音节的情形不多，多见于鼻音。

北京话的声母、韵母、声调

北京话的声母

拼音方案	b	p	m	f	d	t	n	l
注音字母	ㄅ	ㄆ	ㄇ	ㄈ	ㄉ	ㄊ	ㄋ	ㄌ
国际音标	[p]	[p']	[m]	[f]	[t]	[t']	[n]	[l]

拼音方案	g	k	h		j	q	x
注音字母	ㄍ	ㄎ	ㄏ		ㄐ	ㄑ	ㄒ
国际音标	[k]	[k']	[x]		[tɕ]	[tɕ']	[ɕ]

拼音方案	zh	ch	sh	r	z	c	s
注音字母	ㄓ	ㄔ	ㄕ	ㄖ	ㄗ	ㄘ	ㄙ
国际音标	[tʂ]	[tʂ']	[ʂ]	[ʐ]	[ts]	[ts']	[s]

北京话的韵母

	开		齐		合		撮	
ï	[ɿ、ʅ]①	i	[i]	u	[u]	ü	[y]
a	[a]	ia	[ia]	ua	[ua]		
o	[o]			uo	[uo]		
e	[ɤ]	ie	[ie]			üe	[ye]
ai	[ai]			uai	[uai]		

---

① 韵母 ï 只拼 zh ch sh r z c s,拼音方案都作-i。此处为区别于 i[i] 而列。

ei	［ei］			uei	［uei］	
ao	［au］	iao	［iau］			
ou	［ou］	iou	［iou］			
an	［an］	ian	［ian］	uan ［uan］	üan	［yan］
en	［ən］	in	［in］	uen ［uan］	ün	［yn］
ang	［aŋ］	iang	［iaŋ］	uang ［uaŋ］		
eng	［əŋ］	ing	［iŋ］	ueng ［uəŋ］		
ong	［uŋ］	iong	［yuŋ］			
er	［ər］					

北京话的声调

北京话有四个声调：

一、阴平，55 调：如"高知专尊开抽初天婚三八"。

二、阳平，35 调：如"穷陈唐平寒神鹅娘人文拔"。

三、上声，214 调：如"古展纸口革好手粉五女笔"。

四、去声，51 调：如"盖帐抗唱共害近厚切麦六"。

北京话还有一个轻声，指说话时有些字音很短很轻，失去了原来阴平、阳平、上声、去声的调值。例如"了、着、的"等虚词，以及作词缀的"子、头"等。

北京话没有入声。中古时代的入声到了北京话成了"入派三声"了。也就是说，中古的入声字，在北京话中分别跑到平声（阴平、阳平）、上声、去声三个调类中去了。

 ## 尖音字和团音字

　　唱戏的人无论唱京剧还是昆曲，都很讲究分别尖团。不分尖团就是咬字不准。北京话是不分尖团的，但要涉及音韵、方言，还有唱戏，就得搞清尖团问题。

　　凡是古代"精、清、从、心、邪"五母的字，现在的韵母是 [i]、[y]，或者拿 [i]、[y] 起头，叫做尖音字。例如"将、节、秋、趣、齐、聚、小、须、羡、象"等字。凡是古代"见、溪、群、晓、匣"五母字，现在的韵母是 [i]、[y]，或者拿 [i]、[y] 起头，叫做团音字。例如"姜、结、丘、去、旗、具、晓、虚、现、项"等字。

　　今北京话"将＝姜"，"节＝结"，"秋＝丘"，"齐＝旗"，"小＝晓"，"须＝虚"，这就是尖团不分。因此，北京人唱京戏得学会分别尖团。

　　今苏州人说话，"老九≠老酒"，"坚硬≠尖硬"，"欢欣≠欢心"。因为"九、坚、欣"等是团音字，"酒、尖、心"等是尖音字。所以苏州话是分尖团的方言。

　　总之，凡是读"小＝晓""秋＝丘"的方言，就是不分尖团的方言。凡是读"小≠晓"、"秋≠丘"的方言，就是分尖团的方言。

为便于尖音字团音字的对照，现列表如下：

尖音字团音字对照表

声韵	调	团音字	尖音字
ji	阴平	基肌饥鸡稽奇（奇数）激击	跻迹积绩
	阳平	及级极吉急	即脊疾集籍
	上声	己给几	挤
	去声	季伎纪记寄既计继冀	祭际剂济寂嫉
qi	阴平	欺期溪	妻沏棲七悽漆戚缉
	阳平	其旗祈崎奇	齐脐
	上声	起岂启乞	
	去声	气汽契弃器泣	砌
xi	阴平	希稀奚溪嘻吸	惜悉蟋析淅膝昔息
	阳平		媳习席袭
	上声	喜	洗徙玺
	去声	系戏	细夕
jia	阴平	加枷嘉家佳夹	
	阳平	荚	
	上声	假贾甲钾	
	去声	嫁架驾价	
qia	阴平	揢	
	上声	卡	
	去声	恰洽	
xia	阴平	瞎虾	
	阳平	暇霞侠狭匣辖	
	去声	夏厦下吓	

33

jie	阴平	皆阶街揭	嗟接
	阳平	洁结杰竭	节捷截
	上声	解	姐
	去声	介界戒届	借褯
qie	阴平		切
	阳平	茄	
	上声		且
	去声	怯	妾窃
xie	阴平	歇楔蝎	些
	阳平	鞋偕谐协胁	斜邪
	上声	血	写
	去声	械懈蟹	卸泻谢泄屑亵
jiao	阴平	交郊娇骄胶浇教茭	焦蕉椒
	阳平		嚼
	上声	狡绞饺搅脚角	剿
	去声	较叫觉轿	醮
qiao	阴平	敲橇跷	缲（缲边）锹
	阳平	乔侨桥翘	瞧憔樵
	上声	巧	悄
	去声	窍壳	俏峭
xiao	阴平		宵消逍箫肖削
	阳平	肴	
	上声	晓	小篠
	去声	效劾校孝	肖笑
jiu	阴平	纠鸠鬏	揪
	上声	久九韭灸	酒
	去声	臼舅旧救究	就

qiu	阴平	丘蚯邱	秋鞦鳅
	阳平	求球仇	囚泅酋
xiu	阴平	休	羞修
	上声	朽	宿（一宿）
	去声	嗅溴	袖秀绣宿（星宿）
jian	阴平	肩奸坚兼监艰间缄	尖煎笺奸
	上声	柬减茧简拣	剪
	去声	件建健见谏剑鑑舰	箭贱溅渐荐
qian	阴平	铅牵谦骞	千签迁签韆
	阳平	黔钳虔乾掮	前潜钱
	上声	歉遣	浅
	去声	欠歉嵌	
xian	阴平	掀杴	先仙鲜纤暹
	阳平	弦咸嫌闲贤衔	
	上声	险显	铣
	去声	现觅陷限县献宪馅	线腺羡霰
jin	阴平	今巾斤金筋襟	津
	上声	谨禁紧锦仅	尽（儘）
	去声	近劲	进晋浸尽（盡）
qin	阴平	钦	侵亲
	阳平	琴芹禽勤	秦
	上声		寝
	去声	撳	沁
xin	阴平	欣	心辛新薪
	阳平		寻
	去声		信囟
jiang	阴平	江姜僵薑疆	将浆

	上声	讲	奖桨蒋
	去声	降绛糨	将酱匠
qiang	阴平	腔	枪跄
	阳平	强	墙蔷
	上声		抢
	去声		呛
xiang	阴平	香乡	相箱湘襄镶
	阳平	降	祥详翔
	上声	享响饷	想鲞
	去声	向巷项	象橡像相
jing	阴平	京惊经荆鲸	晴精晶
	上声	景颈	井
	去声	竟境镜敬径竞	净静
qing	阴平	轻卿倾	青蜻清
	阳平	擎鲸	情晴
	上声	顷	请
	去声	庆	亲（亲家）
xing	阴平	兴	星腥猩
	阳平	形刑型行	
	上声		省醒擤
	去声	幸倖行杏兴	姓性
ju	阴平	居拘驹俱车	
	阳平	局菊桔	
	上声	矩举	
	去声	巨拒句具据剧	聚
qu	阴平	区岖驱曲屈	蛆趋
	阳平	渠瞿衢	

36

	上声	曲	取娶
	去声	去	趣
xu	阴平	吁虚嘘	须鬚需戌
	阳平		徐
	上声	许	
	去声	畜蓄	序叙婿絮绪恤邮
jue	阴平	噘撅	嗟挩
	阳平	决诀掘觉角	爵绝
	上声	蹶	
que	阴平	缺	
	阳平	瘸	
	去声	却确	鹊雀
xue	阴平	靴	薛
	阳平	学	
	上声		雪
	去声	穴血	
juan	阴平	捐鹃圈	
	上声	捲	
	去声	卷倦眷绢圈	
quan	阴平	圈	
	阳平	拳踡权颧	泉全痊
	上声	犬	
	去声	券劝	
xuan	阴平	轩喧	宣揎
	阳平	玄悬	旋漩璇
	上声		选癣
	去声	眩楦	镟

	jun	阴平	均钧君军菌	
		去声	郡	俊骏浚
	qun	阳平	群裙	
	xun	阴平	熏薰勋燻	
		阳平		循荀旬巡寻
		去声	训	迅讯逊殉徇巽
	jiong	阴平	扃	
		上声	窘迥炯	
	qiong	阳平	穹穷琼	
	xiong	阴平	凶兇匈胸兄	
		阳平	熊雄	

三 《诗经》和上古音韵

 ## 古人的注音方法

"上古"在音韵学上特指周、秦、两汉时期。古人读书认字，首先要解决一个读音问题。而要读音，就有一个注音问题，但古人的注音，常常是根据个人的体会玄而又玄，令人不知所云。例如：

《释名》的著者刘熙，汉末人，善于以声训义，可以看做是当时的一位语言学家了，但他在《释名·释天》注"风"字的发音时说："兖豫司冀横口合唇言之，风泛也，其气博泛而动物也；青徐言风踧口开唇推气言之，风放也，气放散也。"

又如，东汉注疏家何休注《公羊传·宣公八年》的"乃"字和"而"字时谓："言'乃'者，内而深；言'而'者，外而浅。"以上这种注音方法使人完全不得要领。

又如，东汉高诱注《淮南子》和《吕氏春秋》时，有"急气言"、"缓气言"、"闭口言"、"笼口言"等说法。

《淮南子·地形训》："其地宜黍，多旄犀。"高注："旄读绸缪之缪，急气言乃得之。"

《淮南子·修务训》："喈腠哆呦。"高注："喈读权衡之权，急气言之。"

《淮南子·俶真训》："牛蹏之涔。"高注："涔读延祜曷问，急气闭口言也。"

《淮南子·地形训》："黑色主肾，其人惷愚。"高注："惷读人谓惷然无知之惷也，笼口言乃得。"

《吕氏春秋·慎行篇》："崔杼之子相与私阋。"高注："阋读近鸿，缓气言之。"

比较起来，用同音字或近音字来注音，就是一个大的进步了。如《易·晋卦》"晋如摧如。"郑玄注："摧读如'南山崔崔'之崔。"郑玄也是东汉注疏家。这种用同音字或近音字来注音的方法通常叫作"读若"，在东汉许慎的《说文解字》中，用得格外集中。

许慎自和帝永元十二年（100 年）开始，历时 22年，著成《说文解字》15 卷。当时被称为"五经无双许叔重"。许慎的《说文解字》除了对字形字义加以分析外，还大量运用"读若"来注音，"读若"的注音方法是发明反切注音之前最进步的一种方法。例如《说文解字》一篇下艸部：

著，牛藻也。从艸，君声。读若威。

蓁，灌渝。从艸梦声，读若萌。

蕑，艸之小者。从艸，厕声。厕古文锐字，读若芮。

薃，华叶布。从艸，傅声。读若傅。

蘆，艸得风皃。从艸、风，读若楼。

萃，艸皃。从艸，卒声。读若瘁。

 ## 2 《诗经》的押韵

《诗经》是中国最早的一部诗歌总集，共收诗歌305篇，上至西周初期（公元前11世纪），下至春秋中期（公元前6世纪）。《诗经》分风（民歌民谣）、雅（多为典雅的叙事诗，也有少数民间歌谣）、颂（宗庙祭祀用的乐歌）。除了几篇祭祀诗没有押韵外，其他都押韵。

《诗经》不仅在文学史上有着极其重要的地位，而且在汉语发展史上，也具有极重要的地位。《诗经》的押韵情况，是研究上古韵部最为宝贵的资料。

《诗经》押韵一般在句末，有时句句押，有时隔句押。如果句末是语气词，或其他虚词，就在前边的那个字上押韵。一首诗有时一韵到底，有时有所变换。总之，《诗经》押韵的情况有不同的格式，多种多样。例如（韵脚用△或○或●标示）：

关关雎鸠，在河之洲。窈窕淑女，君子好逑。
　　　△　　　　　　△　　　　　　　　　　△

参差荇菜，左右流之。窈窕淑女，寤寐求之。
　　　　　　　　　△　　　　　　　　　△

求之不得，寤寐思服。悠哉悠哉，辗转反侧。

参差荇菜，左右采之。窈窕淑女，琴瑟友之。

参差荇菜，左右芼之。窈窕淑女，钟鼓乐之。

（周南·关雎）

采采卷耳，不盈顷筐。嗟我怀人，寘彼周行。

陟彼崔嵬，我马虺隤。我姑酌彼金罍，维以

不永怀。

陟彼高冈，我马玄黄。我姑酌彼兕觥，维以

不永伤。

陟彼砠矣，我马瘏矣。我仆痡矣，云何吁矣。

（周南·卷耳）

静女其姝，俟我于城隅。爱而不见，搔首踟蹰。

静女其娈，贻我彤管。彤管有炜，说怿女美。

自牧归荑，洵美且异。匪女之为美，美人之贻。

（邶风·静女）

泛彼柏舟，在彼中河。髧彼两髦，实维我仪。

之死矢靡它。母也天只，不谅人只。

泛彼柏舟，在彼河侧。髧彼两髦，实维我特。

42

之死矢靡慝。母也天只，不谅人只。
　　　　○　　　　●　　　　　　　●

（鄘风·柏舟）

投我以木瓜，报之以琼琚。匪报也，永以为好
　　　　△　　　　　　△　　　　○　　　　○

也。

投我以木桃，报之以琼瑶。匪报也，永以为好
　　　　△　　　　　　△　　　　△　　　　△

也。

投我以木李，报之以琼玖。匪报也，永以为
　　　　△　　　　　　△　　　　○

好也。
○

（卫风·木瓜）

硕鼠硕鼠，无食我黍。三岁贯女，莫我肯顾。
　　　　　　　　△　　　　　△　　　　　△

逝将去女，适彼乐土。乐土乐土，爰得我所。
　　　　　　　　△　　　　　△　　　　　△

硕鼠硕鼠，无食我麦。三岁贯女，莫我肯德。

逝将去女，适彼乐国。乐国乐国，爰得我直。
　　　　　　　　　　　　　　△　　　　　△

硕鼠硕鼠，无食我苗。三岁贯女，莫我肯劳。
　　　　　　　　△

逝将去女，适彼乐郊。乐郊乐郊，谁之永号？
　　　　　　　　△

（魏风·硕鼠）

　　从《诗经》的押韵看，我们可以知道，语言有极大的稳定性。好几千年之前押韵的诗句，很多在今天读来依然入韵。"关关雎鸠，在河之洲。窈窕淑女，君

子好逑。"其中的韵脚"鸠、洲、逑"今天在南北各大方言，都还押韵。"采采卷耳，不盈顷筐。嗟我怀人，寘彼周行。"其中的"筐、行"今天仍然押韵。

有些诗句，用普通话读起来不押韵，但在多数南方方言中依然押韵。例如"硕鼠硕鼠，无食我麦。三岁贯女，莫我肯德。逝将去女，适彼乐国。乐国乐国，爰得我直。"其中韵脚"麦、德、国、直"在北京话中不押韵，但在保留入声的南方方言中，依然押入声韵。

当然，语言也在逐渐地发生变化，当时押韵的，现在读来不押韵了。例如"泛彼柏舟，在彼中河。髧彼两髦，实维我仪。之死矢靡它"中，"河、仪、它"是上古歌部字，今天读来不押韵了。但从谐声偏旁看，还是能见到其演变的源流："河"从可声，"仪"从我戈声。戈、可今同韵。而从它的"驼、陀"在今方言或戏曲中仍和"戈、可、我、河"押韵。又如"投我以木瓜，报之以琼琚"，"瓜、琚"是上古鱼部字，今读来并不押韵。但我们如进一步分析一下，从"瓜"的"孤、弧、瓠（瓠瓜）"都可和"居、琚、语"押韵，可知"瓜、琚"本来是同一个韵部。还有"母也天只，不谅人只"，其中"天、人"押韵。今"天、人"韵母相差很远，完全不押韵。但分析一下可知，"天"与"人"韵，犹如"眠"与"民"，"填"与"真"，"烟"与"因"，"贤"与"肾"，"磷"与"隣"，"珍"tiǎn 与"珍"，"绚"xuàn 与"旬"等，今日读来一是 ian（yuan）韵，一是 in（或 yun）韵，而都从同一个谐声偏旁而来，也就是说来自于同一个古韵部。直到平水诗韵，十三元"元、原、园、垣、烦、翻、宣"等字，仍和"魂、温、孙、门、尊、论、恩"等字相押。

 上古音声母、韵母、声调

上古音的声母、韵母，根据李方桂的构拟，列举如下：

上古音声母

	塞音			鼻音		通音	
	清	次清	浊	清	浊	清	浊
唇音	p	p'	b	hm	m		
舌尖音	t	t'	d	hn	n	hl	l, r
舌尖塞擦音	ts	ts'	dz			s	
舌根音	k	k'	g	hŋ	ŋ	h	
喉音	○						
圆唇舌根音	kw	k'w	gw	hŋw	ŋw	hw	
喉音	w						

上古音韵母（韵部）

（一）之部（主要元音及韵尾为-ək、-əg）：克德墨黑國或革麥鹹極直弋織識色福福服减囿丨來載海態母剖背悔倍賄戒埋怪愇期之耻以似耳市士治否富謀又有舊矣丕備龜洧

（二）蒸部（主要元音及韵尾为-əŋ）：登崩恒朋肱弘薨夢橙繩宏甍兢競繩蠅凝澄勝仍

冰馮弓雄夢

（三）幽部（主要元音及韵尾为-əkw，-əgw）：

告毒槷雹學腹目竹宿縮祝淑孰六陸叔俶鞠畜育愎迪戚｜告考道草造寶冒牡矛戊茂包茅卯巧膠敫求九殠臭首修酉袖由丑秋舟壽羞搜悠浮憂彪謬糾幼軌迯叫條蕭彫

（四）中部（也称冬部。主要元音及韵尾为-əŋw）：

冬宗降崇躬窮中終戎隆豐

（五）緝部（主要元音及韵尾为-əp）：

合納答雜眔洽袷及邑挹挹集入十習熠立泣執濕楫熠燁叠

（六）侵部（主要元音及韵尾为-əm）：

感南三蠶芄減湛今音愔林禁廩稟品深淰心森譖孴黔風熊簟念

（七）微部（主要元音及韵尾为-ət，-əd）：

齕骨没忽卒捽咄軋猾乞乙弗物屈出述律帥筆齕譎｜哀愷逮潰鬼配徘妹罪雷隊摧内俙槐懷畿氣衣肆器肄悲寐帥歸胃飛未醉纇饋棣

（八）文部（主要元音及韵尾为-ən）：

根恩吞魂盆本存昏損論臀麇限盼鰥振晨忍吝巾貧民斤勤近文君雲群舂圂芬問春純順川先典薦殿

（九）祭部（主要元音及韵尾为-at）：

葛達獺曷話瞖末較奪捋犖瞎殺察介刮刖鷃拔八嬒揭歇別滅傑竭舌烈哲熱伐發月越蹶蕨威

截楔契蔑缺丨害大蔡會外兌貝叀轄介瘵殺夬
話敗拜薆艾揭蓺世制祭厲敝濊肺廢劌衛歲鋭
説契蟛慧

（十）歌部（主要元音及韵尾为-ar）：

多癉何左賀果過坐墮頗磨加駕沙差麻罷驪瓦
化鬜蛇嗟奇施移離离皮靡爲螨跪危隨吹地

（十一）元部（主要元音及韵尾为-an）：

干安難欺贊冠緩段鑽觀滿泮菅雁删慢報板
蠻閒閑山棧辦關頑篡幻建軒言乾衍塞遣焉
連淺羨展戰禪勉弁便面反萬元援遠圈院權
倦捲絹轉全宣專見前邊片縣蜎

（十二）葉部（主要元音及韵尾为-ap）：

盍臘躡甲狎壓霎夾插業怯餲聶攝懾接涉葉
法乏協貼梜屟丨蓋芮瘞荔

（十三）談部（主要元音及韵尾为-am）：

甘敢藍談暫監讒斬醶嚴俺欠貶檢驗淹占
覘厭鹽炎纖泛凡兼恬

（十四）魚部（主要元音及韵尾为-ak，-ag）：

惡各落諾度作博莫索郭穫客格百宅啞索獲
虢邰著略釀劇虢逆昔夕籍亦液石釋尺赤碧
縛䂂丨惡度莫古五姑都奴祖素布補孤吴狐
污誤家下牙詐乍怕馬瓜寡華攎借寫射謝社
車車庶如余女絮箸許據瞿虞于雨夫父無懼

（十五）陽部（主要元音及韵尾为-aŋ）：

岡康行堂藏喪光皇廣旁荒庚行根彭孟穬横
姜羊祥强長良涼相襄讓釀霜常餉莊章醬庆

迎英鯨景王狂匡方房亡兵病明永

（十六）宵部（主要元音及韵尾为-akw，-agw）：

熇鶴雀沃襮樂鑿暴樂較駮肦卓濯虐蹻藥綽勺約躍弱的翟櫟溺激｜高號敖刀桃勞操暴毛教效爆貌巢髇驕喬翹鴞表標廟眇要夭超趙焦小昭姚韶燒皫弔僚苕

（十七）脂部（主要元音及韵尾为-it，-ig）：

袺黠劀吉詰姞必匹蜜密逸栗七疾室日姪實櫛瑟橘恤袐結襭節切血穴闋｜皆諧齋飢棄祁耆旨示矢至二四師遲利夷比眉美匕姊死癸季屾穗齊稽計弟禮西迷泥閉睽惠

（十八）真部（主要元音及韵尾为-in）：

臤緊因引真神人申腎慎進信陣珍賓頻民榛莘均勻筠旬洵賢電田年憐嶙玄淵

（十九）佳部（也称支部。主要元音及韵尾为-ik，-ig）：

隔厄責謫擘脈畫繣益適脊易辟僻役擊閱甓冥鬲狄剔錫績鵙｜解粺買債柴曬卦畫衼伎企芰知易此賜是提支兒卑避鞞觽規繫鷄睨帝提麗嬖椑圭攜

（二十）耕部（主要元音及韵尾为-iŋ）：

耕幸爭迸生丁嶸頸清性淨貞正成名鳴平頃瓊榮經刑青星丁寧萍冥定鼎肩熒

（二十一）侯部（主要元音及韵尾为-uk，-ug）：

谷屋獨禄族速卜木僕角渥岳樸剥啄濁捉數曲欲玉躅綠足續俗辱束贖｜媾口厚偶

走奏藪斗豆婁仆戊驅樞俞主柱取樹赴侮
附芻數輸孺需

（二十二）東部（主要元音及韵尾为-uŋ）：

工孔鴻東動弄送總蓬蒙巷講雙窗邦撞龐
恭共凶離重用龍寵從訟衝誦封奉

上古音声调

关于上古音的声调问题，至今并无明确而一致的
认识。清顾炎武的"四声一贯"说，就是认为古有四
声，但某一个字读什么声调并不固定，可以随时变化。
清段玉裁主张古有平、上、入，而无去声。清江有诰
先以为古无四声，后来又认为古有四声。从《诗经》
的押韵来看，有半数以上的情况是平上去入同调类的
字相押，也就是说，上古的调类大体上和中古时期的
平上去入四声相合。

四　中古音韵

"中古"在语音史上一般指隋唐至宋代（6世纪至13世纪）这段时期。随着社会的发展，语音的演变，四声的确认，平仄声律的运用，韵书、韵图的编纂，汉语音韵学以其独特的形式，成为当时一种热门的学问。

韵书和韵图

魏晋时代，为了满足诗文撰作和经籍训诂的需要，出现了很多把同音（同声、同韵或同调）的字归在一起的韵书，如李登的《声类》、沈约的《四声谱》、刘善经的《四声指归》等。

到了隋代，陆法言与刘臻、颜之推、魏渊、卢思道、李若、萧该、辛德源、薛道衡9人撰写《切韵》一书，成于601年，为集前人成就的一部大作。唐代又有王仁昫的《刊谬补缺切韵》和孙愐的《唐韵》和李舟的《切韵》。但这些韵书都已失佚。

现在，《广韵》一书，是我们研究中古音韵最重要

的依据。《广韵》是宋朝陈彭年、邱雍等人奉皇帝命令
重修《切韵》和《唐韵》，于 1008 年写成的，全名叫
做《大宋重修广韵》。

《广韵》在陆法言《切韵》193 韵和《唐韵》195
韵的基础上，再分为 206 韵。全书共收 26194 字。《广
韵》的体例主要依据《切韵》，反切也采自《切韵》。
《广韵》虽号称有 206 韵，却是由平声韵、上声韵、去
声韵、入声韵各自分开来算的，如果不把平、上、去、
入四个声调的不同考虑在内，那就只有 61 个韵类。所
谓韵类，可以包含开口与合口不同的韵母，也可包含
带 i 介音或不带 i 介音的韵母，当然也有的韵类是不分
开合，也无带 i 介音与否之别，是一个单独的韵类。

《广韵》的韵目列表如下：

《广韵》韵目

	平	上	去	入		平	上	去	入
①	东	董	送	屋	⑩	虞	麌	遇	
②	冬		宋	沃	⑪	模	姥	暮	
③	钟	肿	用	烛	⑫	齐	荠	霁	
④	江	讲	绛	觉	⑬			祭	
⑤	支	纸	寘		⑭			泰	
⑥	脂	旨	至		⑮	佳	蟹	卦	
⑦	之	止	志		⑯	皆	骇	怪	
⑧	微	尾	未		⑰			夬	
⑨	鱼	语	御		⑱	灰	贿	队	

	平	上	去	入
⑲	咍	海	代	
⑳			废	
㉑	真	轸	震	质
㉒	谆	准	稕	术
㉓	臻			栉
㉔	文	吻	问	物
㉕	欣	隐	焮	迄
㉖	元	阮	愿	月
㉗	魂	混	慁	没
㉘	痕	很	恨	
㉙	寒	旱	翰	曷
㉚	桓	缓	换	末
㉛	删	潸	谏	鎋
㉜	山	产	裥	黠
㉝	先	铣	霰	屑
㉞	仙	狝	线	薛
㉟	萧	筱	啸	
㊱	宵	小	笑	
㊲	肴	巧	效	
㊳	豪	皓	号	
㊴	歌	哿	个	
㊵	戈	果	过	

	平	上	去	入
㊶	麻	马	祃	
㊷	阳	养	漾	药
㊸	唐	荡	宕	铎
㊹	庚	梗	映	陌
㊺	耕	耿	诤	麦
㊻	清	静	劲	昔
㊼	青	迥	径	锡
㊽	蒸	拯	证	职
㊾	登	等	嶝	德
㊿	尤	有	宥	
51	侯	厚	候	
52	幽	黝	幼	
53	侵	寝	沁	缉
54	覃	感	勘	合
55	谈	敢	阚	盍
56	盐	琰	艳	叶
57	添	忝	㮇	帖
58	咸	豏	陷	洽
59	衔	槛	鉴	狎
60	严	俨	酽	业
61	凡	范	梵	乏

　　到了北宋，又出现了韵图。韵图是以图表的格式来排列韵书中反切所表示的字音。它按韵书的反切分

图列字，把属于不同韵类、不同声调、不同反切的字归列为四个"等"，代表不同的字音，所以也称为等韵图，宋代的韵图有《韵镜》、《七音略》、《四声等子》、《切韵指掌图》等，都是研究中古音的重要材料。

《韵镜》是现存最早的韵图，从其成熟的程度看，当不是草创时期所作，可能之前已有韵图出现，但未留存下来。

韵图的撰作者，多为当时的佛教僧侣。僧人在中古音韵学兴起这方面起了很大的作用。僧人对音韵学的精深研究，可能和翻译、介绍梵文佛经有关。

韵图的格式，见附录（横列"唇音、舌音、牙音、齿音、半舌音、半齿音"共七音，指的是声母的发音部位。第二横行"清、次清、浊、清浊"指的是发音方法，相当于全清、次清、全浊、次浊。纵列四格是平上去入四声。纵列每一格中都分一、二、三、四等，有字的填字，没字的画圈儿。第一图东韵第一格"蓬〇冯〇"表示一等蓬，二等无字，三等冯，四等无字）。

②　反切

反切是汉末才有的拼音方法，是用两个字拼出一个音来。有时也单说"翻"、"反"、"切"，都是两字相拼的意思。上字定声母、分别清浊，下字定韵母及平上去入。下面以《广韵》的反切为例：

	齒音			喉音		齒音		次清
	舌音 清濁	清濁	清濁	清	清	清濁	清	清
東	○籠	○洪	烘翁			○揔 叢崇	怱	鬷
	戎 隆	彤融	雄			充	終	
			嵩			敞		
董	○瓏	○㘿 噴翁				○㨃		緫
送	○弄	○閧 烘甕				○送 䁁 愡	㩆	糭
		趥				劋 銃 趪	衆 趙	
屋	○禄	○穀 熇屋				○速 族 蔟	瘃 瘯	鏃 縬 瘃
	肉 六	圓 育	畜 郁			縮 叔 肅	倏 俶 蓄	娖

54

韻鏡　內轉第一開

牙音				舌音				唇音			
清濁	濁	次清	清	清濁	濁	次清	清	清濁	濁	次清	清
峴	○	空	公	○	同	通	東	蒙	蓬	○	○
○	○	○	○	○	○	○	○	○	○	○	○
○	筇	穹	弓	○	蟲	忡	中	瞢	馮	豐	風
○	○	○	○	○	○	○	○	○	○	○	○
○	○	孔	○	襛	動	桶	董	蠓	菶	○	○
○	○	○	○	○	○	○	○	○	○	○	○
○	○	○	○	○	○	○	○	○	○	○	○
○	○	○	○	○	○	○	○	○	○	○	○
○	貢	控	○	齈	洞	痛	凍	夢	○	○	○
○	○	○	○	○	○	○	○	○	○	○	○
○	○	熍	○	○	仲	○	中	幪	鳳	賵	諷
○	○	○	○	○	○	○	○	○	○	○	○
○	○	尖	穀	○	獨	秃	穀	木	暴	扑	卜
○	○	○	○	○	○	○	○	○	○	○	○
砳	𥕐	麴	菊	朒	逐	畜	竹	目	伏	蝮	福
○	○	○	○	○	○	○	○	○	○	○	○

刚　gāng，古郎切。上字"古"的声母为见母，清
音。下字"郎"的韵母属唐韵，平声。清音声
母平声是阴平调。

东　dōng，德红切。上字"德"的声母为端母，清
音。下字"红"的韵母属东韵，平声。清音声
母平声是阴平调。

宝　bǎo，博抱切。上字"博"的声母为帮母，清
音。下字"抱"的韵母属晧韵，上声。清音声
母上声是阴上调。

西　xī，先稽切。上字"先"的声母为心母，清音。
下字"稽"的韵母属齐韵，平声。清音声母平
声是阴平调。

楼　lóu，落侯切。上字"落"的声母为来母，浊
音。下字"侯"的韵母属侯韵，平声。浊音声
母平声是阳平调。

炭　tàn，他旦切。上字"他"的声母为透母，清
音。下字"旦"的韵母属翰韵，去声。清音声
母去声是阴去调。

恨　hèn，胡艮切。上字"胡"的声母为匣母，浊
音。下字"艮"的韵母属恨韵，去声，浊音声
母去声是阳去调。今北京话不分阴去阳去，只
有一个去声。

糖　táng，徒郎切。上字"徒"的声母为定母，浊
音。下字"郎"的韵母属唐韵，平声。浊音声
母平声是阳平调。

急　jí，居立切。上字"居"的声母为见母，清音。

下字"立"的韵母属缉韵，入声。清音声母入
声是阴入调。北京话无入声，"急"今读阳平
调。

出　chū，赤律切。上字"赤"的声母为穿母，清
音。下字"律"的韵母属术韵，入声。清音声
母入声是阴入调。北京话今读阴平调。

脚　jiǎo，居勺切。上字"居"的声母为见母，清
音。下字"勺"的韵母属药韵，入声。清音声
母入声是阴入调。今北京话读上声。

域　yù，雨逼切。上字"雨"的声母是喻母，浊音。
下字"逼"的韵母属职韵，入声。浊音声母入
声是阳入调，今北京话读去声。

近　jìn，巨谨切。上字"巨"的声母为群母，全浊
音。下字"谨"的韵母属隐韵，上声。全浊音
声母上声是阳上调，今北京话上声不分阴上阳
上，只有一个上声。古全浊音声母阳上调今读
去声。

女　nǔ，尼吕切。上字"尼"的声母为泥母，次浊
音。下字"吕"的韵母属语韵，上声。次浊音
声母上声是阳上调。北京话凡古次浊音声母阳
上调今仍读上声。

鱼　yú，语居切。上字"语"的声母为疑母［ŋ］，
浊音。下字"居"的韵母属鱼韵，平声。浊音
声母平声是阳平调。今北京话无［ŋ］声母，演
变为［n］或零声母。

牛　niú，语求切。上字"语"的声母为疑母［ŋ］，

浊音，下字"求"的韵母属尤韵，平声。浊音声母平声是阳平调。北京话无［ŋ］声母。

交　jiāo，古肴切。上字"古"的声母为见母［k］，清音。下字"肴"的韵母属肴韵。清音声母平声是阴平调。"交"是古二等字，古二等字的［k k' h ɣ］声母今北京话颚化为［tɕ tɕ' ɕ］声母。

嵌　qiàn，口衔切。上字"口"的声母为溪母［k'］，清音。下字"衔"的韵母属衔韵，平声。清音声母平声是阴平调。今北京话读去声属例外读音，或者另有来历。"嵌"是古二等字，古［k'］声母今颚化为［tɕ'］。

狭　xiá，侯夹切。上字"侯"的声母为匣母［ɣ］，全浊音。下字"夹"的韵母属洽韵，入声。全浊音声母入声是阳入调。北京话无入声，古全浊声母入声今读阳平调。［ɣ］是浊音，北京话都变成清音。再加上"狭"是二等，颚化而成［ɕ］声母。

③　韵与摄，等与呼

"韵"在今天分析活的语言或方言时，就指韵母，如北京话有 a 韵、ia 韵、ua 韵等。而在传统的音韵学上，"韵"不一定就指单个的韵母。例如《广韵》歌韵只有一个韵母 â，模韵也是一个韵母 uo，而戈韵就有三个韵母 jâ、uâ、juâ，麻韵也有三个韵母 a、ja、wa。东韵有两个韵母 ung、jung，删韵也有两个韵母

an、wan。这就是说，古代韵书中的"韵"是就韵腹（主要元音）和韵尾来区分的。韵腹和韵尾（还有声调）相同的字就算同一个韵的字，介音的有或无、同或异是不计的。大概，这就是上古音称"韵部"的原因。而在中古，就称为"韵"。

还有，古代韵书中的"韵"是按声调的不同来区分为不同的韵。例如《广韵》的 uo 韵母，平声是模韵，上声就是姥（音 mǔ）韵，去声就是暮韵了。同是 a、ja、wa 韵母，平声是麻韵，上声是马韵，去声是祃韵了。而今天北京话的 a 韵，是指 ā、á、ǎ、à 四个声调的所有的字。同样，新诗押韵可以不管阴平、阳平、上声、去声，唐诗特别是律诗就讲究按同一个声调来押韵。

摄，是把发音相近的韵归在一起，称做"摄"。这个名称是由宋元时代的韵图《四声等子》、《切韵指南》正式提出来的。元朝刘鉴作的韵图《切韵指南》把《广韵》206 个韵归为 16 个摄：

通摄　东冬钟（举平声韵以包括上、去、入韵）

江摄　江

止摄　支脂之微

遇摄　鱼虞模

蟹摄　齐皆佳灰咍祭泰夬废

臻摄　真臻谆文欣魂痕

山摄　元寒桓山删先仙

效摄　萧宵肴豪

果摄　歌戈

假摄　麻

宕摄　阳唐

梗摄　庚耕清青

曾摄　蒸登

流摄　尤侯幽

深摄　侵

咸摄　覃谈盐添咸衔严凡

上述 16 摄，从韵尾看，通、江、宕、梗、曾 5 摄是 [-ŋ] 尾韵（所配的入声为 [-k] 尾韵）。深、咸 2 摄是 [-m] 尾韵（所配的入声为 [-p] 尾韵）。臻、山 2 摄是 [-n] 尾韵（所配的入声为 [-t] 尾韵）。其余果、假、遇、蟹、止、效、流 7 摄为元音尾韵。

等，是把各个韵，按其主要元音开口度的大小，以及和声母的配合关系加以区分的一个概念。宋元时期的韵图作者，把韵分成四个等，分列于四层的格子里。所以，"等"这个概念，不只和韵母有关系，所谓"一等洪大，二等次大，三、四皆细，而四尤细"。这是说主要元音开口度大的为一等，次之为二等，再次之为三等，最细的为四等。例如《韵镜》第 23 图有"珊删羶先"分属一、二、三、四等，"散讪扇霰"分属一、二、三、四等，第 25 图"骚梢烧萧"分属一、二、三、四等。同时，等和声母也有关系，并非每个声母都可以和一、二、三、四等的韵相配，其中是有很多限制的。

从韵的角度出发看"等"，《广韵》206 韵分别有以下几种情况。

独立一等韵：冬模泰灰咍魂痕寒桓豪歌唐登侯覃谈（举平声以赅上去入）

独立二等韵：江佳皆夬删山肴耕咸衔

独立三等韵：微废文欣元严凡幽臻鱼虞祭钟支脂之真谆仙宵阳清蒸尤侵盐

独立四等韵：齐先萧青添

一三等合韵：东戈

二三等合韵：麻庚

从声母的角度出发看"等"，36 字母在韵图中分"等"的情况是这样。

一、二、三、四等俱全的：影晓见溪疑来帮滂并明

只有一、二、四等的：匣

只有一、四等的：端透定泥精清从心

只有二、三等的：知彻澄娘照穿床审

只有三、四等的：喻

只有三等的：群禅日非敷奉微

只有四等的：邪

呼，指的是开口呼和合口呼两种。韵母以圆唇音开头的，是合口呼字；韵母以非圆唇音开头的就是开口呼字。古韵书有的韵包含有开口呼和合口呼两个呼的字，即兼具开、合韵母；有的是只有开或只有合或不分开合的韵，也称独韵；还有的同一个韵母开合不同而分成两个不同的韵，如《广韵》咍是开口韵，灰是咍的合口韵，咍、灰成了不同的两个韵，如不计其开合介音，它们本是同一个韵。《广韵》206 韵按开合

的不同来分，可归纳如下。

　　开合口合韵的：支脂微齐祭泰佳皆夬废真元删山

　　　　　　　　　　先仙麻阳唐庚耕清青蒸登（举平

　　　　　　　　　　声以赅上去入）

　　开合口分韵的：咍灰，真谆，欣文，痕魂，寒桓，

　　　　　　　　　歌戈

　　开合口不分的：东冬钟江之鱼虞模臻萧宵肴豪尤

　　　　　　　　　侯幽侵覃谈盐添咸衔严凡

　　由于语音的不断演变，如用现在的北京话语音来理解宋元时的等与呼，就不太切合了。实际上，从明清开始，“等”、“呼”的概念逐渐相混，到后来，汉语不是有四个“等”，而是有四个“呼”，即开、齐、合、撮，也就是现在普通话的齐齿呼（包括 i 韵和 i 介音韵）、合口呼（包括 u 韵和 u 介音韵）、撮口呼（包括 y 韵及 y 介音韵）、开口呼（齐齿呼、合口呼、撮口呼以外的韵）。

　　三十六字母，五音、七音，

　　全浊、次浊，全清、次清

　　字母，是用来代表声母的字，如“帮、滂、并、明”等。所以，可以把“字母”理解为今天的声母。“字母”可简称为“母”，如帮母、来母等。

　　唐末一个名为守温的和尚，首先用三十个字“不芳并明、端透定泥、知彻澄日、见溪群疑来、精清从心邪、照穿审禅、晓匣影喻”来代表三十个不同的声

母。到了宋人手里，重加整理增益，变成"三十六字母"。

五音、七音指的是声母的发音部位：唇、舌、齿、牙、喉合为"五音"，再加上半舌（来母）和半齿（日母）就成为"七音"。

唇音又分重唇和轻唇，相当于现在所说的双唇音（〔p〕〔p'〕〔b〕〔m〕）和唇齿音（〔f〕、〔v〕）。

舌音又分舌头和舌上，相当于现在所说的舌尖前音（〔t〕〔t'〕〔d〕〔n〕）和舌尖后音（〔ʈ〕〔ʈ'〕〔ɖ〕〔ɳ〕）。

齿音又分齿头和正齿，相当于现在所说的舌尖前音（〔ts〕〔ts'〕〔dz〕〔s〕〔z〕）和舌尖后音（〔tʂ〕〔tʂ'〕〔dʐ〕〔ʂ〕〔ʐ〕）。

牙音相当于现在所说的舌根音（〔k〕〔k'〕〔g〕〔ŋ〕）。

喉音指相当于现在的喉音（〔h〕〔ɦ〕）和半元音〔j〕。

半舌音相当于今天所说的边音〔l〕。

半齿音相当于〔ȵʑ〕，一半是舌面的鼻音，一半是舌面的擦音。

现将三十六字母名称及其发音部位排列如下：

唇音	帮	滂	並	明	
	非	敷	奉	微	
舌音	端	透	定	泥	
	知	彻	澄	娘	
齿音	精	清	从	心	邪

	照	穿	床	审	禅
牙音	见	溪	群	疑	
喉音	晓	匣	影	喻	
半舌	来				
半齿	日				

全浊、次浊，是传统汉语音韵学关于声母的一种术语。清音、浊音的区别在很多语言中都有，而全浊、次浊和全清、次清则属汉语音韵学的术语。全浊音是指三十六字母中的并母、奉母、定母、澄母、从母、邪母、床母、禅母、群母、匣母共十个字母。次浊音指三十六字母中的明母、微母、泥母、娘母、疑母、喻母、来母、日母共八个字母。用现代的语音学术语来说，就是凡带浊流的鼻音 [m n ɲ ŋ]、边音 [l]、半元音 [j] 作声母时就是次浊音。除了鼻音、边音、半元音以外的浊塞音 [b d ȡ g]、浊塞擦音 [dz dʐ dʑ]、浊擦音 [v z ʑ ɣ] 作声母时就是全浊音。如上文所附的《韵镜》图中，"浊"即指全浊，"清浊"即指次浊。

全清、次清也是传统汉语音韵学关于声母的一种术语。全清指三十六字母中的帮母、非母、端母、知母、精母、照母、见母共七个字母。次清指三十六字母中的滂母、敷母、透母、彻母、清母、穿母、溪母共七个字母。用现代语音学术语来概括，就是不送气清塞音 [p t ȶ k] 和清塞擦音 [ts tʂ tɕ] 作声母时就是全清。送气清塞音 [pʻ tʻ ȶʻ kʻ]、清塞擦音 [tsʻ tʂʻ tɕʻ] 作声母时就是次清音。所以全清、次清是就清音声母是否送气而言的。擦音如〔f s ç x〕等因不存在送气与不送气的问题，所以也就不存在全清、次清的问题。而非母今虽读擦音〔f〕声母，但隋唐时读塞音〔p〕，故非母属全清音；敷母古读〔p'〕，属次清音。

宋元等韵图中，就有全浊、次浊，全清、次清这些声母上的类别。研究现代方言，因涉及语音的历史演变，所以也常用全浊、次浊这些名称。例如我们说，古全浊上声字，如"稻、在、是、近、抱、並"等，在北京话中都演变为去声了，而次浊上声字，如"有、雨、语、奶"等，仍读上声。

中古声母

根据守温和尚的三十字母，以及这些字母和韵母的配合关系，近年来音韵学家对中古声母的看法正渐趋接近。现据李方桂的构拟，列表如下（字母右下角的数目字表示所配韵母的等）。

中古声母（37个）

帮〔p〕 滂〔p'〕 並〔b〕 明〔m〕

端〔t〕 透〔t'〕 定〔d〕 泥〔n〕 来〔l〕

知〔ʈ〕 彻〔ʈ'〕 澄〔ɖ〕 娘〔ɳ〕

精〔ts〕 清〔ts'〕 从〔dz〕 心〔s〕 邪〔z〕

照_二〔tʂ〕 穿_二〔tʂ'〕 牀_二〔dʐ〕 审_二〔ʂ〕

照_三〔tç〕 穿_三〔tç'〕 牀_三〔dʑ〕 审_三〔ç〕 禅〔ʑ〕

日〔nʑ〕

见〔k〕 溪〔k'〕 群〔g〕 疑〔ŋ〕

晓 [x] 匣 [ɣ]

影 [ʔ] 喻三 [j] 喻四 [ji]

李方桂等认为，三十六字母中的"非敷奉微"四个字母是唐以后从"帮滂並明"分化出来的。

现在把中古三十七声母的例字排列如下：

帮 [p]	波巴包边邦八笔兵	非方府封分福
滂 [p']	坡怕泡剖片喷劈匹	敷芳孚妃峰覆
並 [b]	婆爬皮跑瓶便薄拔	奉房冯扶防伏
明 [m]	磨麻模冒梅门默麦	微武文闻望袜
端 [t]	多都带斗到得东登	
透 [t']	拖土太偷探通脱铁	
定 [d]	驮徒大豆谈同读达	
泥 [n]	那耐努难农捺诺内	
来 [l]	罗鲁来连理弄辣力	
知 [ṭ]	猪著株追缀知致竹	
彻 [ṭ']	丑楮抽痴耻超椿彻	
澄 [ḍ]	潮除池持迟治丈沉	
娘 [ɳ]	女尼娘匿粘浓扭孃	
精 [ts]	左租做栽最遭则臧	姐借际尖俊即
清 [ts']	搓醋猜菜崔凑猝寸	妻取秋请浅鹊
从 [dz]	坐才在曹造残贼浊	齐聚瓷自潜寂
心 [s]	梭苏素腮岁私散肃	些写消心先雪
邪 [z]	似寺辞诵遂松俗颂	邪叙详象续席
照二 [tʂ]	诈渣阻债泽庄抓责	
穿二 [tʂ']	叉差厕抄吵插铲测	
床二 [dʐ]	锄助雏柴寨士事崇	

66

审₂ [ʂ] 沙梳所筛师史森杀

照₃ [tɕ] 遮者诸朱煮主照执

穿₃ [tɕʻ] 处车枢齿吹昌春出

床₂ [dʐ] 蛇射船神唇顺食实

审₃ [ç] 书施舒商诗式失释

禅 [ʑ] 时是市署常承成植

日 [ȵʑ] 耳而如儒人仍闰热

见 [k] 古佳姑刚公耕各格　几居举九纪吉

溪 [kʻ] 苦枯楷开口考客酷　去丘驱羌起缺

群 [g] 渠巨共葵跪奇其掘

疑 [ŋ] 我卧牙瓦咬鱼熬杌

晓 [x] 呼火花海虎荒黑忽　许喜休兴香吓

匣 [ɣ] 胡户豪侯痕何黄合　鞋霞下效贤学

影 [ʔ] 阿蛙污哀爱恶慰噎

喻₃ [j] 于羽韦王云为雄纬

喻₄ [ji] 余与预裕喻异药易

6 中古韵母

关于中古韵母，现把李方桂的拟音介绍于下。

果摄开口一等歌哿箇　　â

　　合口一等戈果过　　uâ

　　开口三等戈　　　　jâ

　　合口三等戈　　　　juâ

假摄开口二等麻马祃　　a

　　合口二等麻马祃　　wa

67

开口三等麻马祃	ja
遇摄合口一等模姥暮	uo
合口三等鱼语御	jwo
合口三等虞麌遇	ju
蟹摄开口一等咍海代	âi
合口一等灰贿队	uâi
开口一等　　泰	âi
合口一等　　泰	wâi
开口二等皆骇怪	ăi
合口二等皆骇怪	wăi
蟹摄开口二等夬	ai
合口二等夬	wai
开口二等佳蟹卦	aï
合口二等佳蟹卦	waï
开口三等祭	jäi（重纽四等 jiäi）
合口三等祭	jwäi（重纽四等 jwiäi）
开口三等废	jɐi
合口三等废	jwɐi
开口四等齐荠霁	iei
合口四等齐荠霁	iwei
止摄开口三等支纸寘	jě（重纽四等 jiě）
合口三等支纸寘	jwě（重纽四等 jwiě）
开口三等脂旨至	ji（重纽四等 i）
合口三等脂旨至	jwi（重纽四等 wi）
开口三等之止志	ï
开口三等微尾未	jěi

合口三等微尾未	jwĕi		
效摄开口一等豪皓号	âu		
开口二等肴巧效	au		
开口三等宵小笑	jäu（重纽四等 jiäu）		
效摄开口四等萧筱啸	ieu		
流摄开口一等侯厚候	ə̆u		
开口三等尤有宥	jə̆u		
开口三等幽黝幼	jiə̆u		
咸摄开口一等覃感勘	âm	合	âp
开口一等谈敢阚	âm	盍	âp
开口二等咸豏陷	ăm	洽	ăp
开口二等衔槛鑑	am	狎	ap
开口三等盐琰艳	jäm（重纽四等 jiäm）		
叶	jäp（重纽四等 jiäp）		
开口三等严俨酽	jɐm	业	jɐp
合口三等凡范梵	jwɐm	乏	jwɐp
开口四等添忝㮇	iem	帖	iep
深摄开口三等侵寝沁	jəm（重纽四等 jiəm）		
缉	jəp（重纽四等 jiəp）		
山摄开口一等寒旱翰	ân	曷	ât
合口一等桓缓换	uân	末	uât
开口二等删潸谏	an	镨	at
合口二等删潸谏	wan	镨	wat
山摄开口二等山产裥	ăn	黠	ăt

合口二等山产裥	wǎn	黠 wǎt
开口三等仙狝线	jän （重纽四等 jiän）	
薛	jät （重纽四等 jiät）	
合口三等仙狝线	jwän （重纽四等 jwiän）	
薛	jwät （重纽四等 jwiät）	
开口三等元阮愿	jɐn	月 jɐt
合口三等元阮愿	jwɐn	月 jwɐt
开口四等先铣霰	ien	屑 iet
合口四等先铣霰	iwen	屑 iwet
臻摄开口一等痕很恨	ən	
合口一等魂混恩	uən	没 tuət
开口三等臻	jɛn	栉 jɛt
开口三等真轸震	jĕn （重组四等 jiěn）	
质	jĕt （重纽四等 jiět）	
合口三等谆准稕	juĕn （重纽四等 juiěn）	
术	juĕt （重纽四等 juiět）	
开口三等欣隐焮	jən	迄 jət
合口三等文吻问	juən	物 juət
宕摄开口一等唐荡宕	âŋ	铎 âk
合口一等唐荡宕	wâŋ	铎 wâk
开口三等阳养漾	jaŋ	药 jak
合口三等阳养漾	jwaŋ	药 jwak
梗摄开口二等庚梗映	ɐŋ	陌 ɐk
合口二等庚梗映	wɐŋ	陌 wɐk
开口二等耕耿诤	ɛŋ	麦 ɛk
合口二等耕耿诤	wɛŋ	麦 wɛk

70

开口三等庚梗映	jɐŋ	陌 jɐk	
合口三等庚梗映	jwɐŋ	陌 jwɐk	
开口三等清静劲	jäŋ	昔 jäk	
合口三等清静劲	jwäŋ	昔 jwäk	
开口四等青迥径	ieŋ	锡 iek	
合口四等青迥径	iweŋ	锡 iek	
曾摄开口一等登等嶝	əŋ	德 ək	
合口一等登等嶝	wəŋ	德 wək	
开口三等蒸拯证	jəŋ	职 jək	
合口三等		职 jwək	
通摄合口一等东董送	uŋ	屋 uk	
合口一等冬　宋	uoŋ	沃 uok	
合口三等东董送	juŋ	屋 juk	
合口三等钟肿用	jwoŋ	烛 jwok	
江摄开口二等江讲绛	åŋ	觉 åk	

7　中古声调，阴调、阳调，
平仄，舒促

　　中古声调就是平、上、去、入四个声调。这四个声调后来又因声母的清浊不同而各分阴阳：即阴平、阳平、阴上、阳上、阴去、阳去、阴入、阳入，也称四声八调。概括地说，古清声母字属阴调类，古浊声母字属阳调类。列表举例如下。

平声：阴平（清声母）　帮多租知该高沟边山兵真东

	阳平（浊声母）	婆扶徐才曹绸皮文龙人陈同
上声：	阴上（清声母）	古火好纸老比短展粉顶港懂
	阳上（浊声母）	五女老染是坐谈抱近待动父
去声：	阴去（清声母）	做世去盖对正怕汉抗帐送变
	阳去（浊声母）	助大树帽旧害谢饭岸陈望共
入声：	阴入（清声母）	一急竹曲出织积得笔百铁拍
	阳入（浊声母）	六月入纳麦宅食白俗服读极

平仄是把四声划分为平和仄两类。"平"就指平声，"仄"是指上声、去声、入声。

舒促是又一种划分四声的方法。舒声指平声、上声、去声。促声指入声。所以也说"舒入"。

阴声韵、阳声韵、入声韵

阴声韵、阳声韵、入声韵的区分，是根据韵尾来说的。

阴声韵是指以元音为韵尾的一类韵。如果摄、假摄、遇摄、蟹摄、止摄、效摄、流摄各韵。

阳声韵是指以鼻音 m、n、ŋ 为韵尾的一类韵。如咸摄、深摄、山摄、臻摄、宕摄、江摄、曾摄、梗摄、通摄中的舒声（平、上、去）各韵。

入声韵是指以辅音 p t k 为韵尾的一类韵。如屋、烛、沃、锡、昔、陌、麦、职、德、觉、药、铎、物、术、没、迄、质、栉、屑、月、薛、锴、黠、末、曷、缉、乏、帖、业、叶、狎、洽、盍、合共 34 韵。

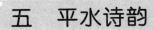

五　平水诗韵

隋陆法言的《切韵》，本是文人作诗押韵的根据，但因206韵过于繁细，不便于据其押韵，于是出现了相近的韵可以同用的情况，例如东韵独用，冬、钟同用，支、脂、之同用等等。可见不只今人“支、脂、之”同音，大概当时很多地方“支、脂、之”也已同音或音近，故诗文用韵时常通押。

到了宋淳祐年间（1241～1252年），平水人刘渊增修《壬子新刊礼部韵略》，据同用之韵并为107韵，后来金人王文郁的《新刊平水礼部韵略》又并为106韵。后人通称平水韵或诗韵，实际就是指的这106韵。

现在把诗韵106韵及其常用字列表如下。

上平声

【一东】　东同铜桐筒童僮中（中间）衷忠虫冲终戎崇嵩弓躬宫融雄熊穹穷冯风枫丰充隆空（空虚）公功工攻蒙濛笼聋栊洪红鸿虹丛翁葱聪骢通蓬篷胧匆峒狨幪忡酆椶朦昽浤

【二冬】　冬农宗钟龙舂松冲容蓉庸封胸雍浓重（重

复）从逢缝（缝衣）趵茸峰锋烽筑慵恭
供（供给）松凶溶邛纵匈丰彤

【三江】 江豇窗邦缸降（投降）泷双庞腔撞舡

【四支】 支枝移为（行为）垂吹陂碑奇宜仪皮儿
离施知驰池规危夷师姿迟龟眉悲之芝时诗
棋旗辞词期祠基疑姬丝司葵医帷思（思
念）滋持随痴维卮螭麾墀弥慈遗肌脂雌披
嬉尸狸炊湄篱兹差（参差）疲茨卑亏蕤
陲骑歧谁斯私窥熙欺疵赀羁彝髭颐资糜饥
衰锥姨媚夔衹涯伊追淄箕椎罴篪萎匙澌治
骊飓尸怡尼而鸥推縻璃祁绥绨羲赢骐狮嘶
咨其漓睢蠡迤淇氂斯貔贻鹂瓷鹚羅嵋蚩瞿
裨丕惟猗庳栀锤劙椅（木名）郿虽麒崎
隋缌逶跐琵枇仳唯

【五微】 微薇晖辉徽挥韦围帏闱违霏菲（芳菲）妃
飞非扉肥威祈旂畿机几讥矶稀希衣依归郗

【六鱼】 鱼渔初书舒居裾车渠蕖余予（我也）誉
（动词）舆胥狙锄疏蔬梳虚嘘徐猪间庐驴
诸除储如墟菹玙畲苴樗摅於（繁体字）
茹沮蜍桐淤妤鹋蹰歔耡据（拮据）龉洳

【七虞】 虞愚娱隅驽无芜巫于衢儒濡襦须株诛蛛殊
铢瑜榆谀愉腴区驱躯朱珠趋扶符凫雏敷夫
肤纡输枢厨俱驹模谟蒲胡湖瑚乎壶狐弧孤
辜姑菰徒途荼图屠奴呼吾梧吴租卢鲈炉芦
苏酥乌污枯粗都铺禺诬竽雩吁瞿劬繻需殳
逾揄萸臾渝岖荷桴俘迂姝蹰拘氄醐糊觫酤

鸪沽菇鼯笯迪舻徂拏泸毋芙幯轳瓠鸬俅鹳
荼郎匍潺鸣洿萄蝴

【八齐】　齐脐黎犁藜蠡鳖妻萋凄悽隄低题提蹄啼绨
鹈篦鸡稽兮奚嵇蹊倪霓醯西栖犀嘶梯鼙批
跻齑赍迷泥溪圭闺携畦暌鸿

【九佳】　佳街鞋牌柴钗差（差使）崖涯阶偕谐排乖
怀淮豺侪埋霾斋娲蜗皆蛙槐

【十灰】　灰恢魁隈回槐枚梅媒瑰雷罍隤催摧堆陪醅
嵬推开哀埃台苔该才材财裁来莱栽哉灾猜
胎台腮孩隈偲洄崔裴培骓诙回徘

【十一真】　真因茵辛新薪晨辰臣人仁神亲申伸绅身宾
滨邻鳞麟珍瞋尘陈春津秦频苹颦嚬银垠筠
巾囷缗民贫纯淳醇纯唇伦纶轮沦匀旬巡驯
钧均臻榛姻宸寅嫔旻彬鹑皴遵循甄岷谆椿
询恂峋涓呻磷辚闽豳逡氓诜莼湮驎燐黂荀
郇蓁纫嶙氤

【十二文】　文闻纹蚊雲氛分纷芬焚坟群裙君军勤斤筋
勋薰曛醺荤耘云芸汾愤雾氲欣芹殷运绘

【十三元】　元原源鼋园猿辕垣烦繁蕃樊翻幡暄喧萱冤
言轩藩魂浑温孙门尊樽存蹲敦墩暾屯豚村
盆奔论坤昏婚痕根恩吞沅湲援蹯番璠骞鸳
掀昆鲲扪荪飧苍跟袁崑臀蜿鹓

【十四寒】　寒韩翰（羽翮）丹单安鞍难餐坛滩檀弹
残干肝竿乾（乾湿）阑栏澜兰看刊丸桓
纨端湍酸团抟攒官观冠鸾銮峦欢宽盘蟠漫
郸叹摊姗珊玕奸棺磐潘拦完般璠狻邯

75

【十五删】　删潸关弯湾还环鬟寰班斑颁蛮颜奸攀顽
山鳏间（中间）艰闲闱娴悭孱潺殷患

下平声

【一先】　先前千阡笺天坚肩贤绹弦烟燕（国名）
莲怜田填年颠巅牵妍眠渊涓边编悬泉迁
仙鲜（新鲜）钱煎然延筵毡饘蝉缠连联
篇偏扁（扁舟）绵全宣镌穿川缘鸢捐旋
（回旋）娟船涎鞭铨专圆员乾（乾坤）虔
愆权拳椽传（传授）焉鞯褰搴汧軿铅舷
跹鹃蠲荃痊诠悛澶鹣姌燃涟琏便（安也）翩
梗骈癫圓畋细（霰韵同）沿蜒滕

【二萧】　萧箫挑（挑担）貂刁凋雕彫鹏迢条髫跳
苕调（调和）枭浇聊辽寥撩寮僚尧宵消
霄绡销超朝潮器骄娇焦燋椒饶桡烧（焚
烧）遥徭摇谣瑶韶昭招镳瓢苗猫腰桥乔
妖飘逍潇鸮骁脩桃鹩鹪缭獠嘹夭（夭
夭）幺邀要（要求，要盟）飙姚樵侨颠标
飙嫖漂（漂浮）剽徼（徼幸）

【三肴】　肴巢交郊茅嘲钞包胶爻苞梢蛟教（使
也）庖匏坳敲胞抛鲛崤啁鸮鞘抄螯咆哮

【四豪】　豪毫操（操持）髦絛刀萄猱褒桃糟旄袍
挠（巧韵同）蒿涛皋号（号呼）陶鳌曹遭
羔高嘈搔毛滔骚韬缫膏牢醪逃劳（劳
苦）濠壕舠饕洮淘叨咷篙熬遨翱嗷臊

五

平
水
诗
韵

【五歌】 歌多罗河戈阿和（平和）波科柯陀娥蛾
鹅萝荷（荷花）何过（经过，箇韵同）磨
螺禾珂襄婆坡呵哥轲（孟轲）沱鼍拖驼
跎柁（舵，哿韵同）佗（他）颇（偏颇）峨
俄摩麽娑莎迦靴痾

【六麻】 麻花霞家茶华沙车（鱼韵同）牙蛇瓜斜
邪芽嘉瑕纱鸦遮叉奢涯（支佳韵同）夸
巴耶嗟遐加笳赊槎（查）差（差错）楂杈
蟆骅虾葭袈裟砂衙枒呀琶杷

【七阳】 阳杨扬香乡光昌堂章张王（帝王）房芳
长（长短）塘妆常凉霜藏（收藏）场央鸯
秧狼床方浆舫梁娘庄黄仓皇装殇襄骧相
（互相）湘箱创（创伤）亡忘芒望（观望，
漾韵同）尝偿樯坊囊郎唐狂强（刚强）肠
康风苍匡荒遑行（行列）妨棠翔良航疆
粮穰将（送也，持也）墙桑刚祥详洋梁
量（衡量，动词）羊伤汤彰璋猖商防筐
煌凰徨纲茫臧裳昂丧（丧葬）漳嫜闾螗
蒋（菇蒋）疆僵羌枪抢（突也）锵疮杭鲂
肓篁惶璜隍攘瀼亢廊阆浪（沧浪）琅
梁邝旁滂傍（侧也）骦当（应当）珰糖沧
鹒尪飏泱殃敫徉

【八庚】 庚更（更改）羹盲横（纵横）觥彭亨英烹
平评京惊荆明盟鸣荣莹（径韵同）兵兄
卿生甥笙牲擎鲸迎行（行走）衡耕萌氓
甍宏茎罃莺樱泓橙争筝清情晴精睛菁

晶旌盈楹瀛嬴赢营婴缨贞成盛（盛受）
城诚呈程声征正（正月）轻名令（使令）
并（交并）倾萦琼峥撑嵘鹏秔坑铿癭鹦
勍

【九青】　青经泾形刑型陉亭庭廷霆蜓停丁仃馨星
腥醒（迥韵同）俜灵龄玲伶零听（聆听，
径韵同）汀冥溟铭瓶屏萍荧萤荥扃垌鹃
蜻硎苓舲聆鸰瓴翎娉婷宁暝瞑

【十蒸】　蒸璒承丞惩澄（澂）陵凌绫菱冰膺鹰应
（应当）蝇绳渑（水名）乘（驾乘，动词）
昇升胜（胜任）兴（兴起）绘恐凭（径韵
同）仍兢矜徵（徵求）称（称赞）登灯
（镫）僧增曾憎矰层能朋鹏肱甍腾藤恒
棱罾崩滕滕峻嶒姮

【十一尤】　尤邮优忧流旒留骝刘由游遊猷悠攸牛修
脩羞秋周州洲舟酬雠柔俦畴筹稠邱抽瘳
遒收鸠搜（蒐）䮲愁休囚求裘仇浮谋牟
眸侔矛侯喉猴讴鸥楼陬偷头投钩沟幽蚰
蓼啾鹜鞦楸蚯䯄踌裯惆馐揉勾鞲娄琉疣
犹邹兜呦售（宥韵同）

【十二侵】　侵寻浔临林霖针（铖）箴斟沉砧（碪）深
淫心琴禽擒钦衾吟今襟（衿）金音阴岑
簪（覃韵同）壬任（负荷）歆森禁（力能胜
任）褛骎嵚参（音深，星名，又音岑的
阴平，参差）琛涔

【十三覃】　覃潭参（参拜，参考）骖南柟男谙庵含

78

涵函（包函）岚蚕探贪耽龛堪谈甘三（数目）酣柑惭蓝担（动词）簪（侵韵同）

【十四盐】　盐檐（簷）廉帘嫌严占（占卜）髯谦匲纤签瞻蟾炎添兼缣霑（沾）尖潜阎镰蟾黏淹箝甜恬拈砭铦詹蒹歼黔钤

【十五咸】　咸鹹函（书函）缄岩谗衔帆衫杉监（监察）凡馋芟搀巉镵喃

上　声

（注意：许多上声字现在都读成去声。）

【一董】　董动孔总笼（名词，东韵同）滃桶洞（滃洞）

【二肿】　肿种（种子）踵宠垄（陇）拥壅冗重（轻重）冢奉捧勇涌（湧）踊（踴）恐拱竦悚耸栱

【三讲】　讲港棒蚌项

【四纸】　纸只咫是靡彼毁燬委诡髓累（积累）妓绮觜此蕊徙尔弭婢侈弛豕紫旨指视美否（臧否，否泰）兕几姊比（比较）水轨止市徵（角徵）喜己纪跪技蚁（螘）郦峚子梓矢雉死履被（寝衣）坒癸趾以已似耜祀史使（使令）耳里理裏李起杞跂士仕俟始齿矣耻麂枳址畤玺鲤迤氏庀駃巳滓苡倚七訾

【五尾】　尾苇鬼岂卉（未韵同）几（几多）伟斐菲（菲薄）匪篚

【六语】语(言语)圄吕侣旅杼伫与(给予)予(赐予)渚煮汝茹(食也)署鼠黍杵处(居住,处理)贮女许拒炬所楚阴俎沮叙绪序屿墅巨宁褚础苣举讵榉粔溆禦籞去(除也)

【七麌】麌雨宇舞府鼓虎古股贾(商贾)蛊土吐(遇韵同)圃庾户树(种植,动词)煦诩努辅组乳弩补鲁橹觑腐数(动词)簿五竖普侮斧聚午伍釜缕部柱矩武苦取抚浦主杜坞祖愈堵扈父甫怒(遇韵同)禹羽腑俯(俛)罟估赌卤姥鹉偻拄莽(养韵同)

【八荠】荠礼体米启陛洗邸底抵弟坻柢涕(霁韵同)悌济(水名)澧醴蠡(范蠡,彭蠡)祢棨诋舐眯

【九蟹】蟹解灑楷獬澥枴矮

【十贿】贿悔改采採彩绥海在(存在)罪宰醅馁铠恺待殆怠倍乃每载(载运)

【十一轸】轸敏允引尹尽忍準隼笋盾(阮韵同)闵悯泯(真韵同)蚓牝殒紧蠢陨慇矧哂朕(朕兆)

【十二吻】吻粉蕴愤隐谨近(远近)忿(问韵同)

【十三阮】阮远(远近)晚苑返阪饭(动词)偃寋(铣韵同)郾巘琬混本反损衮遁(遯,愿韵同)稳盾(轸韵同)

【十四旱】旱暖管琯满短馆(翰韵同)缓盥(翰韵

同）碗懒缲（伞）卵（哿韵同）散（散布）
伴诞罕瀚（浣）断（断绝）侃算（动词）欸
但坦袒纂

【十五潸】　潸眼简版琖（盏）产限栈（谏韵同）绾（谏
　　　　　韵同）柬拣板

【十六铣】　铣善（善恶）遣浅典转（自转，不及物动
　　　　　词）衍犬选冕辇免展茧辩辨篆勉翦（剪）
　　　　　卷（同捲）显饯（霰韵同）晛（霰韵同）喘
　　　　　藓软蹇（阮韵同）演衮件腆鲜（少也）跣
　　　　　缅沔渑（音缅，渑池）缱绻蚬殄扁（不正
　　　　　圆，又扁额）单（音善，姓也，又单父，
　　　　　县名）

【十七篠】　篠小表鸟了晓少（多少）扰绕邈绍杪沼
　　　　　眇矫皎皦杳窈窕袅（袅）挑（挑引）掉（啸
　　　　　韵同）肇缥缈渺淼蔦嫋赵兆朓缭缭朓宵
　　　　　夭（夭折）悄

【十八巧】　巧饱卯狡爪鲍挠（豪韵同）搅绞拗咬炒

【十九皓】　皓宝藻早枣老好（好丑）道稻造（造作）
　　　　　脑恼岛倒（仆也）祷（号韵同）擣（捣）抱
　　　　　讨考燥扫（号韵同）嫂保鸨稿草昊浩镐
　　　　　颢杲缟槁堡阜磙

【二十哿】　哿火舸觰柁（歌韵同）我娜荷（负荷）可
　　　　　坷左果裹朵锁（镙）琐堕惰妥坐（坐立）
　　　　　裸跛颇（稍也）夥颗祸卵（旱韵同）

【廿一马】　马下（上下）者野雅瓦寡社写泻（祃韵
　　　　　同）夏（华夏）也把贾（姓贾）假（真假）

　　　　　捨（舍）厦惹冶且

【廿二养】　养像象仰朗桨奖敞氅柱颡强（勉强）盪
　　　　　惘两曩杖响掌党想榜爽广享丈仗（漾韵
　　　　　同）幌莽（麋韵同）纺长（长幼）上（升
　　　　　也）网荡壤赏倣（仿）罔蒋（姓蒋）橡慷漭
　　　　　谠侻往魍魉鞅

【二十三梗】　梗影景井岭境警请饼永骋逞颖顷整静省
　　　　　幸颈郢猛丙炳杏秉耿矿颍鲠领冷靖

【二十四迥】　迥炯挺梃艇醒（青韵同）酩酊並等鼎顶
　　　　　泂肯拯铤

【二十五有】　有酒首口母後柳友妇斗狗久负厚手守右
　　　　　否（是否）醜受牖偶阜九后咎薮吼帚
　　　　　（箒）垢敂舅纽藕朽臼肘韭剖诱牡缶酉
　　　　　苟丑灸笱扣（叩）篓某莠寿（宥韵同）绶
　　　　　叟

【二十六寝】　寝饮（饮食）锦品枕（衾枕）审甚（沁韵
　　　　　同）禀衽（袵）稔沈懔朕（我也）荏

【二十七感】　感览揽胆澹（淡，勘韵同）噉（啖）坎惨
　　　　　（憯）敢颔撼毯黪糁湛

【二十八俭】　俭焰敛（艳韵同）险检脸染掩点箪贬冉
　　　　　菳陕谄忝（艳韵同）俨闪剡琰奄歉芡嵫

【二十九豏】　豏槛范减舰犯湛斩黯范

　　　　　　　　去　声

【一送】　　送梦凤洞（岩洞）众瓮贡弄冻痛栋仲中
　　　　　（射中，击中）糉讽恸瓮空（空缺）控

【二宋】　宋用颂诵统纵（放纵）讼種（种植）综俸
共供（供设，名词）从（仆从）缝（隙也）
雍（州名）重（再也）

【三绛】　绛降（升降）巷撞（江韵同）

【四寘】　寘置事地志治（治安，太平）思（名词）
泪吏赐自字义利器位戏至次累（连累）
伪为（因为）寺瑞智记异致备肆翠骑（车
骑，名词）使（使者）试类弃饵媚鼻易
（容易）瞀坠醉议翅避笥帜粹侍谊帅（将
帅）厕寄睡忌贰萃穗二臂嗣吹（鼓吹，
名词）遂恣四骥季刺驷泗寐魅积（储蓄）
食（以食食人）被茤懿觊冀愧匮馈（馈
也）庇洎曁塈溉质（抵押）豉柜篑痢腻被（覆
也）祕比（近也）鸷阕啻示嗜饲伺遗（馈
遗）意薏崇值识（音志，记也，又标识）

【五未】　未味气贵费沸尉畏慰蔚魏纬胃渭谓讳
卉（尾韵同）毅既衣（著衣）蜩

【六御】　御处（处所）去（来去）虑誉（名词）署据
驭曙助絮著（显著）豫箸恕与（参与）遽
疏（书疏）庶预语（告也）踞蒩饫

【七遇】　遇路辂赂露鹭树（树木）度（制度）渡赋布
步固素具数（数量）怒（麌韵同）务雾骛鹜
附兔故顾句墓暮慕募注驻祚裕误悟寤住
戍库护屦诉蠹妒惧趣娶铸绔（裤）傅付
谕喻妪芋捕哺互孺寓吐（麌韵同）赴洉
孺汙（动词）恶（憎恶）怖晤

【八霁】 霁制计势世丽岁济（渡也）第艺惠慧币砌
滞际厉涕（荠韵同）契（契约）弊毙帝蔽敝
髻锐戾裔袂繫祭卫隶闭逝缀翳制替细桂
税壻例誓筮蕙诣砺励瘗噬继脆叡（睿）
甈沴曳蒂睇妻（以女妻人）递逮棣蓟厉
係系彗晓芮蚋薛荔唳捩粝泥（拘泥）筐
婗缢篲睥睨

【九泰】 泰会带外盖大（箇韵同）旆濑赖籁蔡害最
贝霭蔼沛艾丐奈柰绘脍（鲙）荟太需狈汰
林蔓

【十卦】 卦挂懈廨隘卖画（图画）派债怪坏诫戒界
介芥械薤拜快迈话败稗晒虿瘵疥

【十一队】 队内塞（边塞）爱辈佩代退载（年也）碎
态背秽菜对废海晦昧碍戴贷配妹啄溃黛
吠概岱肺溉慨未块在（所在）耐腓珮玳
（瑇）再碓乂刈

【十二震】 震印进润阵镇刃顺慎鬓晋骏闰峻舋（衅）
振俊（隽）舜吝烬讯仞迅趁榇播仅觐信轫
浚

【十三问】 问闻（名誉）运晕韵训粪忿（吻韵同）酝
郡分（名分）紊汶愠近（动词）

【十四愿】 愿论（名词）怨恨万饭（名词）献健寸困
顿遁（阮韵同）建宪劝蔓券钝闷逊嫩溷
远（动词）侃（衎）苑（阮韵同）

【十五翰】 翰（翰墨）岸汉难（灾难）断（决断）乱叹
（寒韵同）观（楼观）幹斡散（解散）旦算

84

（名词）玩（翫）烂贯半案按炭汗赞讚漫（寒韵同，又副词独用）冠（冠军）灌爨窜幔粲燦换焕唤悍弹（名词）惮段看（寒韵同）判叛涣绊盥鹳幔畔锻腕惋馆（旱韵同）

【十六谏】　谏雁患（删韵同）涧间（间隔）宦晏慢盼豢栈（潸韵同）惯串绽幻瓣苋卝办绾（潸韵同）

【十七霰】　霰殿面眄（铣韵同）县变箭战扇膳传（传记）见砚院练炼燕讌宴贱馔荐绢彦掾便（便利）眷娈线倦羡奠徧（遍）恋啭眩钏倩卞汴片禅（封禅）遣善（动词）溅饯（铣韵同）转（以力转动，及物动词）卷（书卷）甸钿（先韵同）电嚼旋（已而，副词）

【十八啸】　啸笑照庙窍妙诏召邵要（重要）曜耀调（音调）钓吊叫少（老少）眺诮料疗潦掉（篠韵同）峤徼（边徼）烧（野火）

【十九效】　效教（教训）貌校孝闹豹罩榷（棹）觉（寤也）较乐（喜爱）

【二十号】　号（号令，名号）帽报导祷（皓韵同）操（所守也）盗噪灶奥告（告诉）诰暴（强暴）好（喜好）到蹈劳（慰劳）傲耗躁造（造就）冒悼倒（颠倒）爆燥扫（皓韵同）

【二十一箇】箇个贺佐大（泰韵同）俄过（经过，歌韵同，又过失，独用）和（唱和）挫课唾播

座坐（行之反，又同座）破卧货浣簸轲（轗轲）

【二十二祃】 祃驾夜下（降也）谢榭罢夏（春夏）霸暇灞嫁赦藉（凭藉）假（借也，又休假）蔗炙（音蔗，炮火，名词）化舍（庐舍）价射骂稼架诈亚麝怕借泻（马韵同）卸帕

【二十三漾】 漾上（上下）望（观望，阳韵同，又名望，独用）相（卿相）将（将帅）状帐浪（波浪）唱让旷壮放向嚮仗（养韵同）畅量（度量，数量，名词）葬匠障瘴谤尚涨饷样藏（库藏）舫访眖嶂当（适当）抗酿妄怆宕怅创（开创）酱况亮傍（依傍）丧（丧失）恙王（王天下，霸王）旺

【二十四敬】 敬命正（正直）令（命令）政性镜盛（多也）行（品行）圣咏姓庆映病柄郑劲竞净竟孟诤猄更（更加）併（合并）聘横（横逆）

【二十五径】 径定罄磬应（答应）乘（车乘，名词）赠塍佞称（相称）邓莹（庚韵同）证孕兴（兴趣）剩（賸）凭（蒸韵同）迳甄听（聆也，青韵同，又听从，独用）胜（胜败）宁

【二十六宥】 宥候就授售（尤韵同）寿（有韵同）秀绣宿（星宿）奏富兽斗漏陋狩昼寇茂旧胄宙袖（裒）岫柚覆（盖也）求厩臭佑（祐）囿豆窦瘦漱咒究疚谬皱诟嗅遘溜镂逗透骤又幼读（句读）副

86

【二十七沁】　沁饮（使饮）禁（禁令，宫禁）任（负担）
　　　　　　荫浸僭谶枕（动词）甚（寝韵同）噤

【二十八勘】　勘暗（闇）滥啗（啖）担（名词）憾缆瞰暂
　　　　　　三（再三）绀憨澹（感韵同）翰

【二十九艳】　艳（艳）剑念验赡壂店忝（俭韵同）占（占
　　　　　　据）敛（聚敛、俭韵同）厌焰（俭韵同）垫
　　　　　　欠僭酽潋滟玷（俭韵同）

【三十陷】　　陷鉴监（同鉴，又中书监）汎梵忏赚蘸
　　　　　　嵌

入　声

【一屋】　　　屋木竹目服福禄谷熟谷肉族鹿漉腹菊陆
　　　　　　轴逐苜蓿牧伏宿（住宿）夙读（读书）犊
　　　　　　渎牍默毂复粥肃碌骕鬻育六缩哭幅斛戮
　　　　　　仆畜蓄叔淑菽俶倏独卜馥沐速祝麓辘
　　　　　　鹿镞簇蹙筑穆睦秃縠覆（翻也）辐瀑曝
　　　　　　（暴）郁舳掬鞠蹴踘茯複蝮鹆鹏髑

【二沃】　　　沃俗玉足曲粟烛属录辱狱绿毒局欲束鹄
　　　　　　梏告（音梏，忠告）蜀促触续浴酷躅褥
　　　　　　旭欲笃督赎髑项蓐渌骚

【三觉】　　　觉（知觉）角桷榷嶽（岳）乐（礼乐）捉朔
　　　　　　数（频数）卓斲啄（啅）琢剥驳（駮）雹璞
　　　　　　朴（朴）壳确浊濯擢渥幄握学榷涿

【四质】　　　质（性质）日笔出室实疾术一乙壹吉秩
　　　　　　密率律逸（佚）失漆栗毕恤（邮）蜜橘溢
　　　　　　瑟膝匹述慄黜踬弼七叱卒（终也）蝨悉

87

戌嫉帅（动词）蔡姪轾踬怵滫蟋蟀竿箓宓必箪秫柮窣飔

【五物】　物佛拂屈鬱乞掘（月韵同）讫吃（口吃）绂黼弗韍勿迄不绋

【六月】　月骨发阙越谒没伐罚卒（士卒）竭窟笏钺歇发突忽袜鹘（黠韵同）厥蹶蕨曰阀筏暍殁橛掘（物韵同）榾揾勃纥龁（屑韵同）孛浡揭（屑韵同）碣（屑韵同）

【七曷】　曷达末阔活钵脱夺褐割沫拔（拔起）葛拨渴豁括抹遏挞跋撮泼斡秫掇（屑韵同）怛妲聒栝獭（黠韵同）剌

【八黠】　黠拔（拔擢）鹘（月韵同）八察杀刹轧戛瞎獭（曷韵同）刮刷滑辖鑻猾捋

【九屑】　屑节雪绝列烈结穴说血舌洁别缺裂热决铁灭折拙切悦辙诀泄渫咽噎杰彻澈哲鳖设啮劣掣玦截窃孽浙孑桔颉拮撷揭（月韵同）缬襭偰（月韵同）羯碣（月韵同）挈抉亵薛拽（曳）爇冽臬蘖瞥撇迭趹阅辍掇（曷韵同）

【十药】　药薄恶（善恶）作乐（哀乐）落阁鹤爵弱约脚雀幕洛壑索郭错跃若酌托削铎凿却鹊诺萼度（测度）橐漠鑰著（着）虐掠穫泊搏箈锷霍嚼勺谑廓绰霍镬莫箨缚貉濩各略骆寞膜鄂博昨柝拓

【十一陌】　陌石客白泽伯迹（跡）宅席策册碧籍（典籍）格役帛戟璧驿麦额柏魄积（积聚）脉

88

夕液尺隙逆画（同划）百辟虢赤易（变易）革脊获翮屐適帻戹（厄）隔益窄核覈鬲掷责坼惜癖辟僻掖腋释译峄择摘奕帟迫疫昔赫瘠谪亦硕貊跖（蹠）鹡碛蹐绤隻炙（动词）踯斥吓豸晳淅鬲骼舶珀

【十二锡】 锡壁历枥击绩笛敌滴镝檄激寂觌析溺觅狄荻幂鹢戚慼涤的喫沥霹雳惕剔砾翟籴倜

【十三职】 职国德食（饮食）蚀色力翼墨极息直得北黑侧贼饰刻则塞（闭塞）式轼域殖植敕（勅）饬棘惑默织匿亿臆特勒劾仄昃稷识（知识）逼（偪）克即弋拭陟测翊恻洫穑鲫鹙（鹈）克嶷抑或

【十四缉】 缉辑戢立集邑急入泣溼习给十拾袭及级涩粒揖楫（叶韵同）法蛰笠执隰汲吸絷葺挹浥岌裛悒熠

【十五合】 合塔答纳榻阁杂腊蜡匝阖蛤衲沓榼鸽踏飒拉遝盍塌咂

【十六叶】 叶帖贴牒接猎妾蝶叠箧惬涉鬣捷颊楫（檝，缉韵同）摄蹑协侠荚魇睫浃慑慴蹀挟铗靥燮詟摺衱鰪蹅辄婕屧聂镊渫谍堞氎

【十七洽】 洽狭（陿）峡法甲业邺匣压鸭乏怯劫胁插锸歃押狎袷窠夹恰蛱硖

六 唐诗格律

汉魏六朝的诗上承《诗经》、《楚辞》，下启唐诗宋词。字数有四言（四个字）、五言、七言、杂言，被称为古诗。古诗在平仄、押韵、对仗方面都不算严格。

唐朝以后，除了古体诗以外，还出现了近体诗，那就是讲究平仄、对仗的五言律诗和七言律诗。律诗每首是八句。还有四句一首的绝句，绝句也分古体式的绝句和近体式的绝句。讲究平仄、对仗的绝句也包括在近体诗中。

 押韵

近体诗一般都押平声韵，押仄声韵的极少，如唐王维《杂诗》（五言绝句）：

> 君自故乡来，应知故乡事。
> 　　　　　　　　　　△
>
> 来日绮窗前，寒梅著花未？
> 　　　　　　　　△

韵脚"事、未"押去声韵。"事"寘韵,"未"是未韵,邻韵相押。《杂诗》是古体绝句,平仄、押韵都不严。又如唐柳宗元《江雪》(五言绝句):

千山鸟飞绝,万径人踪灭。

孤舟蓑笠翁,独钓寒江雪。

韵脚"绝、灭、雪"是入声屑韵。这首绝句从对仗来看,是律体绝句(律绝),但从平仄来看,就不合律体的标准了。

近体诗无论律诗、绝句,用韵均严格,必须一韵到底,不能换韵,不能重复同一个字作韵脚,也不许邻韵通押。而古体诗在一首诗中可以换韵,也有邻韵通押,不同声调相押的个别例子,例如唐李白的《将进酒》:

君不见黄河之水天上来,奔流到海不

复回。君不见高堂明镜悲白发,朝如青丝

暮成雪。人生得意须尽欢,莫使金樽空对

月。天生我材必有用,千金散尽还复来。

烹羊宰牛且为乐,会须一饮三百杯。岑夫

子、丹丘生,将进酒,杯莫停。与君歌一

91

曲，请君为我倾耳听。钟鼓馔玉不足贵，
　　　　　　　△

但愿长醉不愿醒。古来圣贤皆寂寞，唯有
　　　　　　△

饮者留其名。陈王昔时宴平乐，斗酒十千
　　△　　　　　　　　　○

恣欢谑。主人何为言少钱，径须沽取对君
　○

酌。五花马、千金裘，呼儿将出　换美酒。
○　　　　　　△　　　　　　　　△

与尔同销万古愁。
　　　　△

李白在这首诗中，头两句"来、回"押平声灰韵。接下
来四句"发、雪、月"是换入声韵，其中"发、月"是
月韵，"雪"是屑韵，为月韵、屑韵通押。接下去四句
"来、杯"押平声灰韵。下面八句"生、停、听、醒、
名"押平声青韵、庚韵，"名"是庚韵字，其他是青韵
字，为庚、青通押。下面四句"乐、谑、酌"押入声药
韵。最末三句"裘、酒、愁"是平声上声混押，"裘、
愁"是平声尤韵，"酒"是上声有韵。可见在李白的古
体诗中，换韵、邻韵通押、不同声调相押等情形都是有
的。古体诗比起近体诗来，用韵、平仄是不那么严格的。

　　近体诗的押韵就严格得多，试看唐元稹的三首
《遣悲怀》：

第一首：

谢公最小偏怜女，自嫁黔娄百事乖。
　　　　　　　　　　　　　　　△

顾我无衣搜荩箧，泥他沽酒拔金钗。
　　　　　　　　△

野蔬充膳甘长藿，落叶添薪仰古槐。
　　　　　　　　△

今日俸钱过十万，与君营奠复营斋。
　　　　　　　　△

第二首：

昔日戏言身后意，今朝都到眼前来。
　　　　　　　　△

衣裳已施行看尽，针线犹存未忍开。
　　　　　　　　△

尚想旧情怜婢仆，也曾因梦送钱财。
　　　　　　　　△

诚知此恨人人有，贫贱夫妻百事哀。
　　　　　　　　△

第三首：

闲坐悲君亦自悲，百年多是几多时。
　　　　　　　　△

邓攸无子寻知命，潘岳悼亡犹费词。
　　　　　　　　△

同穴窅冥何所望，他生缘会更难期。
　　　　　　　　△

唯将终夜长开眼，报答平生未展眉。
　　　　　　　　△

第一首"乖、钗、槐、斋"押的是佳韵。第二首
"来、开、财、哀"押的是灰韵。第三首"时、词、

期、眉"押的是支韵。都是平声韵，没有邻韵通押的情形。

2 对仗

对仗是指律诗、骈文等按照字音的平仄和字义的虚实作成对偶的语句。对偶的一般规则是名词对名词，动词对动词，形容词对形容词，虚词对虚词，数量结构对数量结构，情况可以是多种多样。其实，我们口语中常用的一些词，如"颠三倒四"、"标新立异"、"富国强兵"等，也是一种对仗形式。"颠三"（平声）和"倒四"（仄声）相对，都是动宾结构，也可以进一步分析为"颠"和"倒"相对，"三"和"四"相对。"标新"和"立异"相对。"富国"和"强兵"相对。还有对对子这种文字游戏，也是一种对仗。例如用北京的地名来作对子，"白石桥"可对"甘家口"，"白"和"甘"都是形容词，"石"和"家"都是名词，"桥"和"口"都是名词，"白石桥"的声调是仄仄平，正好和"甘家口"的平平仄相对。对人名如把"孙行者"和"祖冲之"相对，"孙"和"祖"意义上和声音的平仄上都相对。"行"和"冲"在意义上相近，都是动词，只是声音上都是平声，略差一些。"者"和"之"都是虚词，仄声和平声相对。

律诗的对仗一般在第二联（颔联）和第三联（颈联），即第三、四句对，第五、六句对。首联和尾联不要求对仗，所以可对可不对。例如：

唐李白《赠孟浩然》（五律）

> 我爱孟夫子，风流天下闻。
>
> 红颜弃轩冕，白首卧松云。
>
> 醉月频中圣，迷花不事君。
>
> 高山安可仰，徒此揖清芬。

第二联"红颜"和"白首"相对，平平对仄仄，"弃轩冕"和"卧松云"相对，仄平仄对仄平平，声音对得不算规范，但这种对法也容许。第三联"醉月"对"迷花"，"频中圣"（多次喝醉意）对"不事君"，平平仄对仄仄平。

唐杜甫《春日忆李白》（五律）：

> 白也诗无敌，飘然思不群。
>
> 清新庾开府，俊逸鲍参军。
>
> 渭北春天树，江东日暮云。
>
> 何时一樽酒，重与细论文？

第二联"清新"对"俊逸"，"开府"对"参军"是官名相对。第三联"渭北"对"江东"，"渭"指渭水，"江"指长江，是水名相对。"春天树"对"日暮云"，"春天"和"日暮"都是时间词，是整个词两两相对，如果拆作单字，就对不上了。

唐崔颢《黄鹤楼》（七律）：

昔人已乘黄鹤去，此地空余黄鹤楼。

黄鹤一去不复返，白云千载空悠悠。

晴川历历汉阳树，芳草萋萋鹦鹉洲。

日暮乡关何处是，烟波江上使人愁。

第二联"黄鹤"对"白云"，非一类事物也可对。"一去"对"千载"，"一"和"千"对，"去"和"载"对，把"载"借作动词用。"不"和"空"副词对副词。"复返"双声，对"悠悠"叠词，是双声对叠韵。第二联可看作宽对，即对得不算严格；第三联则是工对，对仗严格工整："晴川历历"对"芳草萋萋"，"汉阳树"对"鹦鹉洲"。

杜甫《野望》（七律）：

西山白雪三城戍，南浦清江万里桥。

海内风尘诸弟隔，天涯涕泪一身遥。

惟将迟暮供多病，未有涓埃答圣朝。

跨马出郊时极目，不堪人事日萧条。

此诗首联也对仗："西山"对"南浦"，"白雪"对"清江"（谐青江），"三城戍"对"万里桥"。

杜甫《闻官军收河南河北》（七律）：

剑外忽闻收蓟北，初闻涕泪满衣裳。

却看妻子愁何在，漫卷诗书喜欲狂。

白日放歌须纵酒，青春作伴好还乡。

即从巴峡穿巫峡，便下襄阳向洛阳。

此诗尾联也对仗，除了字面上"即"对"便"，都是副词，"从"和"下"对，都是介词，"巴峡"对"襄阳"，地名相对，"穿"对"向"，动词相对，而且这两句合在一起才表达一个完整的意思，不像其他对仗句，各句相对独立。一般人称这种对仗是"流水对"。

律诗对仗的情形，除了两联对仗甚至三联对仗的以外，也有只有一联对仗的。例如：

唐张九龄《望月怀远》（五律）：

海上生明月，天涯共此时。
情上怨遥夜，意夕起相思。
灭烛怜光满，披衣觉露滋。
不堪盈手赠，还寝梦佳期。

此诗只第三联"灭烛怜光满，披衣觉露滋"是对仗句。这种单联对仗，一般用于第三联。

李白《塞下曲》第一首（五律）：

五月天山雪，无花只有寒。
笛中闻折柳，春色未曾看。
晓战随金鼓，宵眠抱玉鞍。
愿将腰下剑，直为斩楼兰。

此诗亦只第三联对仗。

唐崔曙《九日登望仙台呈刘明府》（七律）：

> 汉文皇帝有高台，此日登临曙色开。
>
> 三晋云山皆北向，二陵风雨自东来。
>
> 关门令尹谁能识，河上仙翁去不回。
>
> 且欲近寻彭泽宰，陶然共醉菊花杯。

此诗第二联对仗，但第三联只有"关门令尹"——指守关吏和"河上仙翁"——指葛洪《神仙传》中的河上公能相对，但下半句"谁能识"和"去不回"不能对起来。所以严格来说，只有第二联对仗。

总之，对仗在律诗中，有的对得严谨，有的对得宽松；有的诗对仗句多，有的诗对仗句少，可以说是多种多样，不可一概而论。

平仄

律诗、律绝要讲平仄。所谓格律，主要就指平仄。了解了律诗的平仄，也就明白了后代词曲的平仄，因为律诗的平仄规则，也可应用到词曲。

律诗的平仄从七律开始说起，明白了七律的平仄，五律的平仄不过是其收缩罢了。

平仄在上文中古声调部分谈过，平声指阴平、阳平，仄声指上声、去声、入声。北方多数地区有平声、上声、去声，只要能分辨普通话的阴平、阳平、上声、去声就可基本掌握平、上、去三个调类，但入声字分辨不了。例如普通话中读阴平的"一、七、八、不"，读阳平的"十、贼、别、活"，读上声的"甲、笔、铁、尺"，读去声的"月、入、涩、色"，都是入声字。这些入声字不易为人识别，还好入声跑到上声、去声的仍属仄声，不必刻意去辨，只有跑到平声的，一定要认清，否则就会混淆了平仄。所以用来举例的诗中，凡入声字就在字下标一黑点，以资辨认。例如：

唐李商隐《无题》：

> 昨夜星辰昨夜风，画楼西畔桂堂东。
> 身无彩凤双飞翼，心有灵犀一点通。
> 隔座送钩春酒暖，分曹射覆蜡灯红。
> 嗟余听鼓应官去，走马兰台类转蓬。

七律的平仄，从来就有一条原则，即"一三五不论，二四六分明"。这是说，第一、三、五字可平可仄，不必拘泥，但第二、四、六字就不能通融了。所以下文列平仄格式时，加上圆圈的，就可平可仄。例如：仄仄平平仄仄，平平仄仄平平。但要注意下文所说的"孤平"。

七律的平仄，只有四个类型：

1. 仄仄平平仄仄平
2. 平平仄仄仄平平
3. 平平仄仄平平仄
4. 仄仄平平仄仄平

音韵史话

由此四个类型，组合成七律的四种平仄格式：

①仄起式：

㊛仄平平㊛仄平，㊥平㊛仄㊛平平。

㊥平㊛仄㊥平仄，㊛仄平平㊛仄平。

㊛仄㊥平㊥仄平，㊥平㊛仄㊛平平。

㊥平㊛仄㊥平仄，㊛仄平平㊛仄平。

②仄起式（把第①式的下半部分移到开头）：

㊛仄㊥平㊥仄仄，㊥平㊛仄㊛平平。

㊥平㊛仄㊥平仄，㊛仄平平㊛仄平。

㊛仄平平㊛仄平，㊥平㊛仄㊛平平。

㊥平㊛仄㊥平仄，㊛仄平平㊛仄平。

③平起式：

㊥平㊛仄㊛平平，㊛仄平平㊛仄平。

㊛仄㊥平㊥仄仄，㊥平㊛仄㊛平平。

㊥平㊛仄㊥平仄，㊛仄平平㊛仄平。

㊛仄㊥平㊥仄仄，㊥平㊛仄㊛平平。

④平起式（把第③式的下半部分移到开头）

㊥平㊛仄㊥平仄，㊛仄平平㊛仄平。

㊛仄㊥平㊥仄仄，㊥平㊛仄㊛平平。

100

⊞平④仄⊛仄⊛平平，④仄平平④仄平。

④仄⊛平⊞仄仄，⊞平④仄⊛平平。

调平仄要注意以下几点：

（1）二、四、六、八句末必须是平声字（平脚），这和律诗要押平声韵相一致。而一、三、五、七句只有一句可以用平脚，这句或者在第一句，或者在第五句。这样，出句为"平平仄仄仄平平"时，就不能对"仄仄平平平仄仄"了。仄声字律诗不能用来做韵脚。试看刘长卿《湘中纪行》之一《浮石濑》：

平仄仄平平	秋月照潇湘，
仄平平仄仄	月明闻荡桨。
仄平仄仄仄	石横晚濑急，
仄仄平平仄	水落寒沙广。
仄仄平平平	众岭猿啸重，
平平平仄仄	空江人语响。
平平平仄仄	清晖朝复暮，
平仄仄平仄	如待扁舟赏。

虽然中间两联是对仗句，是律诗的形式，但不是律诗的平仄。可能是作者立意要突破平仄的框框，有所革新创造。

（2）注意"对"和"粘"。"对"就是平对仄，仄对平及出句的平仄和对句的平仄相调。

如出句为：仄仄平平平仄仄，

对句为：平平仄仄仄平平。

出句为：仄仄平平仄仄平，

对句为：平平仄仄仄平平（不能对为"平平仄仄平平仄"，仄脚不入韵）。

"粘"就是平粘平，仄粘仄。指的是第三句的第二字必须和第二句的第二字平仄相同，第五句的第二字必须和第四句的第二字平仄相同，第七句的第二字必须和第六句的第二字平仄相同。例如唐贺知章《回乡偶书》（七绝）：

> 少小离家老大回，乡音未改鬓毛衰。
>
> 儿童相见不相识，笑问客从何处来。

第三句第二字"童"和第二句第二字"音"都是平声。而李白的《登金陵凤凰台》（七律）的第三、五句却属于失粘了：

> 凤凰台上凤凰游，凤去台空江自流。
>
> 吴宫花草埋幽径，晋代衣冠成古丘。
>
> 三山半落青天外，二水中分白鹭洲。
>
> 总为浮云能蔽日，长安不见使人愁。

第三句"吴宫"的"宫"是平声，和上句"凤去"的"去"仄声不粘。又第五句"三山"的"山"平声，和上句"晋代"的"代"仄声不粘。尽管如此，谁也不能否认李白这首诗是一首好诗。

（3）注意不犯"孤平"。"孤平"指在平脚"仄仄平平仄仄平"的句中，除了韵脚是平声字之外，只有

一个平声字。如果也"一三五不论",第三字平声换成
仄声,这样除了韵脚,就剩下第四字一个平声,就是
孤平。五律指在"平平仄仄平"的句中,第一字若易
为仄声字,也就犯孤平。但在仄脚的句中,即仄声字
收尾的句中,就没有这个避忌。

下面把七律的四种平仄格式各举两例:

①式:

⊕仄平平⊕仄平　　风急天高猿啸哀,

⊕平⊕仄⊗平平　　渚清沙白鸟飞回。

⊕平⊗仄⊕平仄　　无边落木萧萧下,

⊗仄平平⊗仄平　　不尽长江滚滚来。

⊗仄⊕平⊗仄仄　　万里悲秋常作客,

⊗平⊕仄⊗平平　　百年多病独登台。

⊕平⊗仄⊕平仄　　艰难苦恨繁霜鬓,

⊗仄平平⊗仄平　　潦倒新停浊酒杯。

（杜甫《登高》）

⊗仄平平⊗仄平　　昨夜星辰昨夜风,

⊗平⊕仄⊗平平　　画楼西畔桂堂东。

⊕平⊗仄⊕平仄　　身无彩凤双飞翼,

⊕仄平平⊗仄平　　心有灵犀一点通。

⊕仄⊗平⊕仄仄　　隔座送钩春酒暖,

⊕平⊗仄⊗平平　　分曹射覆蜡灯红。

⊕平⊗仄⊗平仄　　嗟余听鼓应官去,

⊗仄平平⊗仄平　　走马兰台类转蓬。

（李商隐《无题》）

②式：

○仄○平⊕仄仄	昔日戏言身后意，
⊕平⊕仄○平平	今朝都到眼前来。
⊕平○仄⊕平仄	衣裳已施行看尽，
⊕仄平平○仄平	针线犹存未忍开。
○仄○平○仄仄	尚想旧情怜婢仆，
○平⊕仄○平平	也曾因梦送钱财。
⊕平○仄⊕平仄	诚知此恨人人有，
⊕仄平平○仄平	贫贱夫妻百事哀。

（元稹《遣悲怀》之二）

⊕仄○平⊕仄仄	诸葛大名垂宇宙，
⊕平⊕仄○平平	宗臣遗像肃清高。
⊕平○仄⊕平仄	三分割据纡筹策，
○仄平平○仄平	万古云霄一羽毛。
○仄⊕平仄平仄	伯仲之间见伊吕，
○平○仄○平平	指挥若定失萧曹。
○平⊕仄⊕平仄	运移汉祚终难复，
○仄平平⊕仄平	志决身歼军务劳。

（杜甫《咏怀古迹》之五）

③式：

⊕平○仄○平平	云开远见汉阳城，
⊕仄平平○仄平	犹是孤帆一日程。
⊕仄○平⊕仄仄	估客昼眠知浪静，

⊕平⊗仄⊗平平　舟人夜语觉潮生。

⊕平⊗仄⊕平仄　三湘愁鬓逢秋色，

⊗仄平平⊗仄平　万里归心对月明。

⊗仄⊗平⊕平仄　旧业已随征战尽，

⊗平⊕平⊗平平　更堪江上鼓鼙声。

（卢纶《晚次鄂州》）

⊕平⊗仄⊗平平　莺啼燕语报新年，

⊗仄平平⊗仄平　马邑龙堆路几千。

⊗仄⊕平⊕仄仄　家住层城邻汉苑，

⊕平⊗仄⊗平平　心随明月到胡天。

⊕平⊗仄⊗平仄　机中锦字论长恨，

⊕仄平平⊗仄平　楼上花枝笑独眠。

⊗仄⊕平仄平仄　为问元戎窦车骑，

⊕平⊗仄⊗平平　何时返旆勒燕然。

（皇甫冉《春思》）

④式：

⊗平⊕仄⊕平仄　去年花里逢君别，

⊕仄平平⊗仄平　今日花开又一年。

⊗仄⊕平⊕仄仄　世事茫茫难自料，

⊕平⊗仄⊗平平　春愁黯黯独成眠。

⊕平⊗仄⊕平仄　身多疾病思田里，

⊗仄平平⊗仄平　邑有流亡愧俸钱。

⊕仄⊗平⊕仄仄　闻道欲来相问讯，

⊕平⊗仄⊗平平　西楼望月几回圆。

（韦应物《寄李儋元锡》）

⊕平⊕仄⊕平仄　舍南舍北皆春水，

⊕仄平平⊕仄平　但见群鸥日日来。

⊕仄⊕平⊕仄仄　花径不曾缘客扫，

⊕平⊕仄⊕平平　蓬门今始为君开。

⊕平⊕仄⊕平仄　盘飧市远无兼味，

⊕仄平平⊕仄平　樽酒家贫只旧醅。

⊕仄⊕平⊕仄仄　肯与邻翁相对饮，

⊕平⊕仄⊕平平　隔篱呼取尽余杯。

（杜甫《客至》）

　　五言律诗的平仄和七言律诗一样，也有四个类型，只是在头上减缩两字。例如：

　　①式：

　　　　平平仄仄平，仄仄仄平平。

　　　　仄仄平平仄，平平仄仄平。

　　　　平平平仄仄，仄仄仄平平。

　　　　仄仄平平仄，平平仄仄平。

　　②式（把①式的下半部分移到开头）：

　　　　平平平仄仄，仄仄仄平平。

　　　　仄仄平平仄，平平仄仄平。

　　　　平平仄仄平，仄仄仄平平。

　　　　仄仄平平仄，平平仄仄平。

③式：

仄仄仄平平，平平仄仄平。
平平平仄仄，仄仄仄平平。
仄仄平平仄，平平仄仄平。
平平平仄仄，仄仄仄平平。

④式（把③式的下半部分移到开头）：

仄仄平平仄，平平仄仄平。
平平平仄仄，仄仄仄平平。
仄仄仄平平，平平仄仄平。
平平平仄仄，仄仄仄平平。

下面按四种类型举例如下：

平平⊗仄平　　凄凉宝剑篇，
⊕仄⊗平平　　羁泊欲穷年。
⊕仄平平仄　　黄叶仍风雨，
平平⊗仄平　　青楼自管弦。
⊕平⊕仄仄　　新知遭薄俗，
⊗仄⊗平平　　旧好隔良缘。
⊕仄⊕平仄　　心断新丰酒，
平平⊗仄平　　消愁又几千？

（李商隐《风雨》）

⊕平⊕仄仄　　离离原上草，

(仄)仄(仄)平平	一岁一枯荣。
(仄)仄平仄仄	野火烧不尽，(此句平仄失调)
平平(平)仄平	春风吹又生。
(仄)平平仄仄	远芳侵古道，
(平)仄(仄)平平	晴翠接荒城。
(仄)仄(平)平仄	又送王孙去，
平平(仄)仄平	萋萋满别情。

(唐白居易《赋得古原草送别》)

(仄)仄(仄)平平	调角断清秋，
平平(仄)仄平	征人倚戍楼。
(平)平平平仄	春风对青冢，
(仄)仄(仄)平平	白日落梁州。
(仄)仄(平)平仄	大漠无兵阻，
平平(仄)仄平	穷边有客游。
(平)平(仄)仄仄	蕃情似此水，
(平)仄(仄)平平	长愿向南流。

(唐张乔《书边事》)

(仄)仄(平)平仄	早被婵娟误，
(仄)平(平)仄平	欲妆临镜慵。
(平)平(仄)仄仄	承恩不在貌，
(仄)仄(仄)平平	教妾若为容。
(平)仄(仄)平仄	风暖鸟声碎，
(仄)平(平)仄平	日高花影重。
(平)平(仄)平仄	年年越溪女，
(平)仄(仄)平平	相忆采芙蓉。

(唐杜荀鹤《春宫怨》)

　　绝句每首只有四句，所以五言绝句就是五律的一半，七言绝句就是七律的一半。绝句的平仄就是半首律诗的平仄。例如：

　　㋩仄平平㊩仄平　　月落乌啼霜满天，
　　㊩平㊩仄㋩平平　　江枫渔火对愁眠。
　　㊩平㊩仄㊩平仄　　姑苏城外寒山寺，
　　㋩仄平平㋩仄平　　夜半钟声到客船。

　　　　　　　　（唐张继《枫桥夜泊》）

　　㋩仄㋩平平仄仄　　独在异乡为异客，
　　㋩平㊩仄㋩平平　　每逢佳节倍思亲。
　　㊩平㊩仄㊩平仄　　遥知兄弟登高处，
　　㋩仄平平㋩仄平　　遍插茱萸少一人。

　　　　　　（唐王维《九月九日忆山东兄弟》）

　　㊩平㊩仄㋩平平　　新妆宜面下朱楼，
　　㊩仄平平㋩仄平　　深锁春光一院愁。
　　㊩仄㊩平仄平仄　　行到中庭数花朵，
　　㊩平㊩仄㋩平平　　蜻蜓飞上玉搔头。

　　　　　　　　　　（唐刘禹锡《春词》）

　　㋩平㋩仄㊩平仄　　洞房昨夜停红烛，
　　㋩仄平平㋩仄平　　待晓堂前拜舅姑。
　　㊩仄㊩平仄平仄　　妆罢低声问夫婿，
　　㋩平㊩仄㋩平平　　画眉深浅入时无？

　　　　　　　　（唐朱庆余《近试上张水部》）

　　㊩仄㋩平平　　寥落古行宫，
　　平平㋩仄平　　宫花寂寞红。

⊕平⊕仄仄　白头宫女在，

⊕仄⊕平平　闲坐说玄宗。

（唐元稹《行宫》）

⊕仄⊕平仄　白日依山尽，

平平⊕仄平　黄河入海流。

⊕平⊕仄仄　欲穷千里目，

⊕仄⊕平平　更上一层楼。

（唐王之涣《登鹳雀楼》）

⊕仄⊕平仄　故国三千里，

平平⊕仄平　深宫二十年。

⊕平⊕仄仄　一声何满子，

⊕仄⊕平平　双泪落君前。

（唐张祜《何满子》）

 ## 4 双声叠韵

双声是指两个字或几个字的声母相同。例如：

经济　jīngjì（都是 j 声母）

改革　gǎigé（都是 g 声母）

方法　fāngfǎ（都是 f 声母）

新鲜　xīnxiān（都是 x 声母）

叠韵是指两个字或几个字的韵母相同。例如：

阑干　lángān（都是 an 韵母）

空洞　kōngdòng（都是 ong 韵母）

外快　wàikuài（都是 uai 韵母）

父母　fùmǔ（都是 u 韵母）

由于语音是在不断地发展变化，因此，不同时代，双声叠韵的情况也会有所不同。例如"经济"在今普通话是双声，但在中古时期及更早的时期，"经"是古见母［k-］字，"济"是古精母［ts-］字，两者不是双声关系，又如《南史·谢庄传》：王玄谟问谢庄何者为双声，何者为叠韵。谢庄回答说："玄护为双声，确磝为叠韵。"玄护是人名，在南北朝时，"玄"和"护"都是匣母［ɦ-］字，是双声，而今天普通话中就不是双声了。"确磝"是地名，属今山东，南北朝时为叠韵，今普通话仍叠韵。

又如唐白居易《琵琶行》诗中"间关莺语花底滑，幽咽流泉水下难（按，'难'都讹作'滩'）"，其中"间关"是双声，都是古见母字；"幽咽"也是双声，都是古影母字。但"间关"今普通话已不是双声了，在南方方言中还读双声。"幽咽"今仍是双声。唐杜甫《蜀相》诗中，"三顾频烦天下计，两朝开计老臣心"，"频烦"双声，都是古並母字，到了今天就不是双声字了。"开计"都是蟹摄字，"开"是蟹摄一等咍韵字，"计"是蟹摄四等齐韵字。可以看做是宽式的叠韵字，和双声的"频烦"相对。

联绵字中有很多是双声或叠韵的字。双声如"仿

111

佛、伶俐、珍珑、黾勉、匍匐、犹豫、茌苒、拮据、潇洒、踌躇、磅礴、流连、忐忑、澎湃"等。叠韵如"联绵、缠绵、蹒跚、腼腆、蜿蜒、窈窕、络绎、噜苏、徘徊、温吞、匼匝、杂沓、翩跹、缥缈、糊涂、崔巍、蹉跎、嵯峨、踉跄"等。联绵字必须两个合在一起才成为有意义的词，单字解析意义就不完整。联绵字也有既非双声也非叠韵的，如"玛瑙、囫囵、妯娌"等。

草木虫鱼之名也有不少是双声或叠韵的。如"蒹葭、萑苇、枇杷、唐棣、柑橘、蜘蛛、蚰蜒、孑孓、鸳鸯、詹诸（蟾蜍）"等是双声；"蟑螂、蟋蟀、蜣螂、螳螂"等是叠韵。

古人取名也常用双声叠韵。"离娄"、"孔丘"是双声；孔子的一个弟子姓"澹台"名"灭明"，也是双声；秦始皇次子"胡亥"也是双声。《左传》中的人名"庞降、台骀、西钮吾、公子围龟"都是叠韵。秦始皇子"扶苏"，还有"赵高"，汉朝的"鄂千秋、田千秋、严延年、杜延年"；东汉的"王莽"都是叠韵。

七　近代音

 ## 《中原音韵》的声、韵、调

近代音以《中原音韵》和元曲韵作为代表。它们和现代北京话已很接近了。

《中原音韵》为元代周德清所作。周德清字日湛，号挺斋，江西高安人。周德清生于宋景炎二年（1277年），卒于元至正二十五年（1365年）。他被认为"工乐府，善音律"，就是说他既能吟诗作曲，又善审音辨律，既有文学素养，又能精于语言。由于当时词曲用韵相当混乱，唐宋时的韵书又已不合当时的语言实际，新的切合当时语音的规范之作又没有，周德清《中原音韵》的写作目的，就是为订正语音，使词曲用韵有个现成的可根据的标准。

《中原音韵》成于1324年。顾名思义，《中原音韵》是以北方中原语音为基础，是当时的"普通话"。它以实际语音为重，一改过去韵书的撰写体例。全书分19个韵部，一韵之内，又以阴平、阳平、上声、去声分列，由入声派来的字附于同类声调之后。各个不同声母的字，以圆圈○隔开，不标反切。

《中原音韵》的声母，由于不标反切，所以并不是从反切上字归纳出来的，而是根据同音字的第一个字，进而归纳出 20 个声类：

崩　烹　蒙　风　亡　东　通　脓
龙　工　空　烘　邕　钟　充　双
戎　宗　惚　嵩

这 20 个声类可拟音为

p	p'	m	f	v
t	t'	n		l
ts	ts'		s	
tʂ	tʂ'		ʂ	ʐ
k	k'		x	
○				

《中原音韵》19 个韵部及例字如下：

一、东钟	风通同戎兄宏孔梦
二、江阳	姜章双降养望
三、支思	枝施儿史事志瑟
四、齐微	机归妻吹移实及昔入
五、鱼模	居求无徐虎树叔出物
六、皆来	阶斋怀来白麦客策色

七、真文　　　分春新恩存隐损恨信

八、寒山　　　丹帆还难罕眼旦盼看

九、桓欢　　　官观欢端酸宽鸾满半

十、先天　　　坚边专连前然卷软院

十一、萧豪　　　消交腰毛小角薄弱略

十二、歌戈　　　科波和果我合夺莫落

十三、家麻　　　佳沙花马把驾鸭杀达

十四、车遮　　　车斜遮写夜蝶洁说月

十五、庚青　　　荆生升平景永命净杏

十六、尤侯　　　休鸥楼求有轴熟肉六

十七、侵寻　　　金侵深音林吟沉枕甚

十八、监咸　　　堪三探南衔含减斩暗

十九、廉纤　　　兼尖帘炎掩染

　　《中原音韵》虽只有 19 个韵部，但由于等的不同，开合的不同，所包含的韵母有 47 个之多。现将李新魁构拟的 47 个韵母列表如下：

一、东钟　　　uŋ　　　iuŋ

二、江阳　　　aŋ　　　iaŋ　　　uaŋ

三、支思　　　ɿ　　　ʅ

四、齐微　　　i　　　əi　　　uei

五、鱼模　　　u　　　iu

六、皆来　　　ai　　　iai　　　uai

七、真文　　　ən　　　in　　　un　　　iun

八、寒山　　　an　　　ian　　　uan

115

九、桓欢	on			
十、先天	iɛn	iuɛn		
十一、萧豪	ɑu	au	iau	iɛu
十二、歌戈	o	io	uo	
十三、家麻	a	ia	ua	
十四、车遮	iɛ			
十五、庚青	əŋ	iŋ	uəŋ	iuəŋ
十六、尤侯	əu	iəu		
十七、侵寻	əm	im		
十八、监咸	am	iam		
十九、廉纤	iɛm			

《中原音韵》的声调只有 4 个，和现代普通话相同：阴平、阳平、上声、去声。例如：

阴平　东冬中姜江帮桑支之脂资机肌归灰居
　　　诸朱粗皆街该栽揩纷昏因身官萧

阳平　同铜童戎阳羊良杭旁儿而慈微惟犁爷
　　　耶蛇平屏明零廉钳炎南男尤留罗

上声　马雅打锁果朵我小鸟老远卷扁典反坦
　　　紧隐品忍粉海采奶语雨土五尾悔

去声　动洞冻象状胀酱未沸惠异备句预恕懈
　　　态太带震尽进奋旱汗旦饭到稻笑

《中原音韵》把中古时的入声演变为平、上、去的字另列一类，附于所派声调之后。《中原音韵》关于古入声字的归类和北京话中古入声字的归类不全相同，反映了《中原音韵》的基础方言不同于北京话的某些方言特点，现把各韵入声字的归类详列如下，一则可以辨明入声，二则可以观察其方言特点。同音的列在一起，不同音的用圆圈○隔开。

支思韵，入声作上声：涩瑟○塞

齐微韵，入声作平声：实十什石射食蚀拾○直值
姪妷掷○疾嫉集茸寂籍○夕习席袭○
获狄敌逖笛翟○及极○或惑○逼偪○
劾○贼

入声作上声：质隙炙织陟汁只执陟○七
戚漆○匹辟僻劈○吉击激棘戟急汲给
亟○笔北○失室识适拭轼释湿爽○唧
积稷绩迹脊鲫即○必毕跸荜碧壁璧襞
辟○昔惜息锡淅○尺赤吃勒叱○的嫡
滴○德得○涤别踢○吸隙翕檄觋○乞
泣讫○国○黑○一壹○克

入声作去声：日入○蜜○墨密○立粒笠
历枥沥雳力栗栗○逸易译驿益溢镒鹢
液腋掖疫役一佾泆逆乙邑忆揖射（无
射，乐律之一）翊翼○勒肋○剧○匿

鱼模韵，入声作平声：独读牍渎犊毒突蠹○复佛
伏鹏袯服○鹄鹘斛槲○赎属述秫术○
俗续○逐轴○族镞○仆○局○淑蜀孰
熟塾

117

入声作上声：谷穀骨〇菽缩诨速〇复福幅蝠腹覆拂〇卜不〇菊局〇笏忽〇筑烛粥竹粟宿邮〇曲麹屈〇哭窟酷〇出黜畜〇叔菽〇督〇暴扑〇触束〇簇〇足〇促〇秃〇卒〇蹙〇屋沃兀

入声作去声：禄鹿漉麓〇木沐穆睦没牧目〇录箓绿醁陆戮律〇物勿〇辱褥入〇玉狱欲浴郁育鬻〇讷

皆来韵，入声作平声：白帛舶〇宅泽择〇劃画（画分）

入声作上声：拍珀魄〇策册栅测〇伯百柏迫擘檗〇骼革隔格〇客刻〇责帻摘谪侧窄仄昃〇色穑索〇掴〇摔〇嚇〇则

入声作去声：麦貊陌蓦脉〇额厄〇搦

萧豪韵，入声作平声：浊濯镯擢〇铎度踱〇薄箔泊博〇学鷽〇缚〇鹤涸〇凿昨酢镈〇著〇芍杓

入声作上声：角觉脚桷〇捉卓琢〇酌斫灼缴（弓缴）〇烁铄〇鹊雀趵却〇讬拓橐魄拆〇索〇郭廓〇朔〇剥驳〇爵〇削〇柞作〇错迮〇阁各〇塓〇绰婥〇谑〇戳搦

入声作上声：岳乐药约跃钥龠〇搭诺〇末幕漠寞莫沫〇落络烙洛酪乐珞〇萼鹗鳄恶愕〇弱蒻箬〇略掠〇虐疟

118

歌戈韵，入声作平声：合盒鹤盍褐〇跋魃〇缚佛
〇活镬穬〇薄箔勃泊渤〇铎度〇浊濯
镯〇学〇凿〇夺〇着〇杓

入声作上声：葛割鸽阁蛤〇钵拔跋〇泼
粕〇括〇渴〇阔〇撮〇掇〇脱〇抹

入声作去声：岳乐约跃钥〇幕末沫莫寞
〇诺搦〇若弱蒻〇落洛络酪乐烙〇萼
鹗鳄恶垩鄂〇略掠〇虐疟

家麻韵，入声作平声：达挞踏沓〇滑猾〇狎辖鎋
侠洽厘袷〇乏伐筏罚〇拔〇杂〇闸

入声作上声：塔獭榻塌〇杀霎〇铡扎〇
呷匣〇察插锸〇法发髮〇甲胛夹〇答
搭嗒踏〇飒撒萨〇筴〇刮〇瞎〇八〇
恰

入声作去声：腊蜡拉爉辣〇纳衲〇压押
鸭〇抹

车遮韵，入声作平声：协穴挟侠缬〇杰竭碣〇叠
迭牒揲喋谍垤绖凸蝶跌〇镊摄〇折舌
涉〇捷截睫〇别〇绝

入声作上声：屑薛泄绁蝶袤燮屧疧〇切
窃妾沏〇结洁劫颊铗荚〇怯挈箧客〇
节接楫疖〇血歇吓蝎〇阙缺阕〇玦决
诀谲蕨鴃〇铁餮帖贴〇瞥撇〇氅别〇
拙辍〇辙撤澈掣〇哲褶摺折浙〇设摄
〇啜〇雪〇说

入声作去声：捏聂蹑镊啮臬蘖〇灭篾蔑

〇拽噎谒叶烨〇业邺额〇裂冽猎列烈
〇月悦说阅轧越钺栿刖〇热〇热〇劣

尤侯韵，入声作平声：轴逐〇熟

入声作上声：竹烛粥〇宿

入声作去声：肉褥〇六

从上述古入声字的演变趋向看，《中原音韵》反映的情况和今北京话不太一致。

古全浊声母入声字在《中原音韵》中归入平声，实际就是阳平调，这和北京话一致，不仅北京话如此，其他北方官话也多是这样一种演变情况。如"十、实、直、及、独、读、逐、白、薄"等全浊声母字，在北方话中，只要是分阴平、阳平的方言，一般读阳平。

古次浊声母入声字在《中原音韵》中归入去声，这和北京话及多数北方方言也一致，如"日、立、历、木、脉、诺、月、热、越"等，今北方话多读去声。

古清音声母入声字在《中原音韵》中除例外的几个字以外，都归入上声，如"击、七、一、国、克、忽、哭、出、屋、革、则、削、作、捉、答、夹、屑、结、哲、设、竹"等字。而北京话中这些入声例字不读上声。在今胶东半岛如青岛及辽宁大连等地，这些古清音声母入声字今读上声。

2 元曲的押韵

在元代，盛行一种戏曲形式，每本以四折为主，有时在开头或折间另加楔子，有唱词有宾白、唱词在每折用同一宫调并押同一个韵，这种戏曲形式叫杂剧。杂剧在元代已发展到鼎盛时期，所以也叫做元曲。

元曲的押韵反映了当时北方语音的实际韵类，为了解当时的语音实际，并考察《中原音韵》反映语音实际的程度，我们把《元曲选》中一些曲词的用韵情况介绍如下。

东钟韵的例子：

〔仙吕·点绛唇〕夜色溶溶，桂花风动，

天香送，万里长空，是谁把银盘捧。

〔混江龙〕俺可便疾忙行动，怕的是

五云楼畔日华东。俺如今偷临凡世，私下

天宫，这其间风弄竹声穿户牖，更那堪月

移花影上帘栊。俺本是冰魂素魄不寻常，

要甚么金童玉女相随从。又没甚幽期密约，

止不过明月清风。

〔油葫芦〕俺和您回首瑶台隔几重，早来

到书院中，怕甚么人间天上路难通。想当日

那天孙和董永，曾把琼梭弄。想巫娥和宋

玉，曾做阳台梦。他若肯早近傍，我也肯紧

过从，拼着个赚刘晨，笑入桃源洞。到后来，

天台山下再相逢。

（吴昌龄《张天师》第一折）

江阳韵的例子：

　　　〔双调·新水令〕锦貂裘，生改尽汉宫妆，我

则索看昭君画图模样。旧恩金勒短，新恨玉鞭长，

本是对金殿鸳鸯，分飞翼，怎承望。

　　　〔驻马听〕宰相每商量，大国使还朝多赐赏。

早是俺夫妻恓快，小家儿出外也摇装，尚兀自渭

城衰柳助凄凉，共那灞桥流水添惆怅，偏您不断

肠。想娘娘那一天愁都撮在琵琶上。

　　　〔步步娇〕您将那一曲阳关休轻放，俺咫尺如

天样，慢慢的捧玉觞。朕本意待尊前挨些时光，

且休问劣了宫商，您则与我半句儿俄延着唱。

　　　〔落梅风〕可怜俺别离重，你好是归去的忙。

寡人心先到他李陵台上，回头儿却才魂梦里想，

便休题贵人多忘。

（马致远《汉宫秋》第三折）

支思韵的例子：

　　〔后庭花〕则我这瘦形骸削了四肢，小腰身争了半指，宽掩过罗裙摺，全松了我这接带儿。他一去几多时，杳没个音书来至。撇得我冷清清泪似丝，闷恹恹过日子，学刺绣一首诗，索对那两句词，空展开花样纸，摺成个简帖儿，又不是请亲邻，会酒卮，只把小梅香胡乱使。

　　〔柳叶儿〕你着我和谁传示，只落得清减了脸上胭脂。这姻缘知道落在何人氏，我李玉英是闺中女，你姑姑是个出家儿，可不空费你这一片神思。

　　〔青哥儿〕非是我推三、推三阻四，这事情应难、应难造次。虽然道男女婚姻贵及时，我须是娇滴滴美玉无瑕。又不比败草残枝，怎好的害杀相思。只待要寻个人儿，便逾墙钻穴，也无辞这等胡行事。

（乔孟符《鸳鸯被》第一折）

齐微韵的例子：

　　［双调·新水令］这洛阳城刘员外，他是个有钱贼。只要你还了时，方才死心塌地。他促眉生巧计，开口讨便宜，总饶你泼骨顽皮，也少不得要还他本和利。

　　［步步娇］只为那举债文书，我画的有亲笔迹。因此上被强勒为妻室，这真心儿誓不移，情愿万打千敲，受他磨到底。今日留得一身归，谢哥哥肯救我亲生妹。

　　［雁儿落］则他这行装特整齐，书舍无俗气，瑶琴壁上悬，宝剑床头立。

　　［得胜令］呀，我与你搭起绿罗衣，铺开紫藤席。绣枕头边放，香衾手内提。索甚么疑惑，这是我绣来的鸳鸯被。可不是跷蹊，谁承望这搭儿得见你。

（乔孟符《鸳鸯被》第四折）

鱼模韵的例子：

　　〔红绣鞋〕他他他可也为甚么，全没那半点儿
牵肠割肚，全没那半声儿短叹长吁，莫不你叔嫂
妯娌不和睦。伯伯可又无踪影，伯娘那里紧支吾，
可教我那搭儿葬俺父母。

　　〔普天乐〕我意慌速，心犹豫，若无显证，怎
辨亲疏。伯娘可也不会读，将去着伯父亲身觑。
他元来是九烈三贞贤达妇，兀的个老人家，尚然道
出嫁从夫。一来是收拾祭物，二来是准备孝服，
第三来可是报与亲属。

　　〔迎仙客〕因歉年趁熟去，别家乡临外府，怎
知道命儿里百般无是处。先亡了俺嫡亲的爷娘，
守着这别人家父母，整受了十五载孤独。

　　　　　　　　　　　（李直夫《合同文字》第三折）

皆来韵的例子：

　　〔中吕·粉蝶儿〕我绕着他后巷前街，叫化些
剩汤和这残菜。我受尽了些雪压波风筛，猛想起

十年前兀那鸦飞不过的田宅。甚么是月值年灾，可
便的眼睁睁一时消坏。

[醉春风] 那舍贫的波众檀越，救苦的波观自
在，肯与我做场儿功德散分儿斋，可怎生再没个将
俺来睬睬。佛啰，但得那半片儿羊皮，一头儿薰
荐哎，婆婆俫我便是得生他天界。

[快活三] 哎哟，则那风吹的我这头怎抬，雪
打的我这眼难开。则被这一场天火破了家财，俺
少年儿今何在。

（张国宾《合汗衫》第三折）

真文韵的例子：

[仙吕·点绛唇] 从亡化了双亲，便思营运寻
资本，怎得分文，落可便刮土儿收拾尽。

[混江龙] 莫不是姓孙的无分，却将这精银响
钞与了别人，教兄弟有家难奔，无处栖身。把我
赶在破瓦窑中挨冻馁，教人道披着蒲席说家门。
也不是我特故的把哥哥来恨，他他他不思忖，一
爷娘骨肉，却和我做日月参辰。

　　［油葫芦］他骂道孙二穷厮煞是村，便待要赶
出门，则着我自敦自逊自伤神。现如今爹爹奶奶
都亡尽，但愿得哥哥嫂嫂休嗔忿，为甚么单骂着
我，你敢是错怨了人。既是哥哥与兄弟无情分，却
怎生等我上新坟。

　　　　　　　　　　　（关汉卿《杀狗劝夫》第一折）

寒山韵的例子：

　　［仙吕·点绛唇］这剑呵冰刃霜寒，玉华光灿，
孜孜看，怎飞来坐榻之间，委实的紫气冲宵汉。

　　［混江龙］这剑真为奇幻，世人休做等闲看，
我则见英英结秀，湛湛生斑。这剑本在东方平百
越，今日个飞来南国镇荆蛮。这剑按阴阳斡运，
顺天地循环。采铜出耶溪之水，取锡在赤堇之山。
下雷雨消融尘滓，有神鬼守护炉间。这剑他抱精
灵，多气爽，助神威，真乃是免忧愁，绝惊恐，
除危难。现如今河清海晏，国泰的这民安。

　　［油葫芦］久与吴国姬光阻面颜，怕的那伍盟
府天下罕。他正是良才奇宝在人间，我则道重修

讯问传书简，原来他相期恶战呈公案。

（郑廷玉《楚昭公》第一折）

先天韵的例子：

　　〔正宫·端正好〕武陵溪可兀的韩王殿，韩王殿将着这五十文金钱。若金钱买的俺姻眷，抵多少家流出桃花片。

　　〔滚绣球〕俺两个厮顾恋，相恋的不甚远。转过这粉墙东，哎哟可早则波玉人儿不见。恰便似隔蓬莱弱水三千，空着这流相思画桥水，锁春愁杨柳烟，对着的都是些嘴骨都乳莺娇燕。我这里问春风桃李无言，空着我烘烘醉眼迷芳草，好着我恼乱春心，恨杜鹃无计留连。

　　〔倘秀才〕莫不是醉撞入深宅也那大院，莫不是梦迷入瑶台也那阆苑，则我寻不见天台汉刘阮。你道是侯门深似海，我正是色胆大如天，问哥哥，这里到太学中近远。

（乔孟符《金钱记》第二折）

萧豪韵的例子：

　　[仙吕·点绛唇] 我这里着眼偷瞧，教人耻笑。
怎觑那乔躯老屈脊低腰，款那步轻抬脚。

　　[混江龙] 有一日官人知道，将这一双儿泼男
女怎耽饶。若知他暗行云雨，敢可也乱下风雹。
那瓦罐儿少不的井上破，夜盆儿刷杀到头臊。妆
体态，弄娇娆，共伴当，做知交。将家长厮瞒着，
可正是阎王不在家，着这伙业鬼由他闹。我今夜
着他个火烧袄庙，水淹断了蓝桥。

　　[油葫芦] 你晌午后先吃了人一顿拷，怎又将
他来扯拽着。

（关汉卿《争报恩》第一折）

歌戈韵的例子：

　　[越调·斗鹌鹑] 我可便项戴着沉枷，身缠着
重锁，锁押损我身躯，枷磨破我项窝。干着你六
问三推，生将我千刀万剐。我只听的一下鼓，一
下锣，撮枷稍的公吏扢搜，打道子的巡军每叶和。

［紫花儿序］叫喳喳的大惊小怪，扑碌碌的后拥前推，恶狠狠的倒拽横拖。我实心儿怕死，我可也半步儿刚挪，知么，两下里一齐都簇合，可又早已时交过，坐马的将官道踏开，来看的将巷口揎夺。

［小桃红］告哥哥休打谩评诉，权等待些儿个，负屈衔冤怎生过，不存活，这场烦恼天来大。那妮子把孩儿每厮探，将女孩儿面皮揾破，你常是下的手狠偻偻。

（关汉卿《争报恩》第三折）

家麻韵的例子：

［仙吕·点绛唇］车碾残花，玉人月下吹箫罢，未遇宫娃，是几度添白发。

［混江龙］料必他珠帘不挂，望昭阳一步一天涯。疑了些无风竹影，恨了些有月窗纱，他每见弦管声中巡玉辇，恰便似斗牛星畔盼浮槎。是谁人偷弹一曲，写出嗟呀。莫便要忙传圣旨，报与他家，我则怕乍蒙恩，把不定心儿怕，惊起宫槐

宿鸟，庭树栖鸦。
△

［油葫芦］恕无罪，吾当亲问咱。这里属那位
△
下，休怪我不曾来往乍行踏，我特来填还你这泪
△   △
揾湿鲛绡帕，温和你露冷透凌波袜。天生下这艳
姿，合是我宠幸他。今宵画烛银台下，剥地管喜信
△   △
爆灯花。
△

（马致远《汉宫秋》第一折）

车遮韵的例子：

［双调·新水令］数年一枕梦庄蝶，过了些不
△
明白好天良夜，想父母关山途路远，鱼雁信音绝。
△   △
为甚感叹咨嗟，甚日得离书舍。
△   △

［驻马听］凭男子豪杰，平步上万里龙庭双凤
阙。妻儿真烈，合该得五花官诰七香车。也强如
△   △   △
带满头花，向午门左右把状元接，也强如挂拖地
红，两头来往交媒谢。今日个改换别，成就了一
△   △
天锦绣佳风月。
△

［乔牌儿］当拦的便去拦，我把你个院公谢。
△

七 近代音

131

想昨日被棘针都把衣袂扯，将孩儿指尖儿都挝破
　　　　　△
也。
△

　　［幺篇］便将球棒儿撇，不把胆瓶藉，你哥哥
　　　　　　　　　　△　　　　　　△
这其间未是他来时节，怎抵死的要去接。
　　　　　　　　　　　　　　　　△

　　　　　　　　　　（白仁甫《墙头马上》第三折）

庚青韵的例子：

　　［中吕·粉蝶儿］宝殿凉生，夜迢迢六宫人静，
　　　　　　　　　　　　△　　　　　　　　△
对银台一点寒灯，枕席间，临寝处，越显的吾身
　　　　　　△
薄幸。万里龙廷，知他宿谁家一灵真性。
△　　　　　△　　　　　　　　　　△

　　［醉春风］烧尽御炉香，再添黄串饼。想娘娘
　　　　　　　　　　　　　　　　　　△
似竹林寺，不见半分形，则留下这个影影。未死
　　　　　　　　　　△　　　　　　　△
之时，在生之日，我可也一般恭敬。
　　　　　　　　　　　　　　△

　　［叫声］高唐梦，苦难成。那里也爱卿爱卿，
　　　　　　　△　　　△
却怎生无些灵圣，偏不许楚襄王枕上雨云情。
　　　　　　△　　　　　　　　　　　　△

　　［剔银灯］恰才这搭儿单于王使命，呼唤俺那
　　　　　　　　　　　　　　　△
昭君名姓，偏寡人唤娘娘不肯灯前应。却原来是
　　　△　　　　　　　　　△
画上的丹青，猛听得仙音院凤管鸣，更说甚箫韶
　　　△　　　　　　　　　　△

132

九成。
_△

（马致远《汉宫秋》第四折）

尤侯韵的例子：

　　［南吕·一枝花］四时雨露匀，万里江山秀。
忠臣皆有用，高枕已无忧。守着那皓齿星眸，争
忍的虚白昼。近新来染得些证候，一半儿为国忧
民，一半儿愁花病酒。

　　［梁州第七］我虽是见宰相似文王施礼，一头
地离明妃早宋玉悲秋。怎禁他带天香，着莫定龙
衣袖。他诸余可爱，所事儿相投，消磨人幽闷，
陪伴我闲游。偏宜向梨花月底登楼，芙蓉烛下藏
阁。体态是二十年挑剔就的温柔，姻缘是五百载
该拨下的配偶。脸儿有一千般说不尽的风流，寡
人乞求他左右，他比那落伽山观自在，无杨柳，
见一面，得长寿。情系人心早晚休，则除是雨歇
云收。

（马致远《汉宫秋》第二折）

133

八　汉语声、韵、调的 古今演变

说到汉语的古今演变，这个"古"，本应指上古，但由于上古的声、韵、调系统还不够明确，而中古有韵书可作依据，声、韵、调系统明确，所以就以中古音系作为"古"的出发点。这个"今"，指的是今天的普通话。

声母的演变

声母的古今演变，主要有以下几个方面：①是浊音清化；②是唇音分化，指双唇音帮、滂、并三母在合口三等韵演化为唇齿音 f，明母在合口三等韵演化为由 u 开头的零声母；③是精组、见组、晓组声母在今 i、y 音前颚化为 j、q、x。

（1）浊音清化，是指浊音声母的并母、定母、澄母、从母、邪母、床母、禅母、群母、匣母等，失落浊气流，而读成同部位的清音声母。同时还因声调平、仄的不同而有送气和不送气的区别（匣母除外）。例如：

並母（平声）→p　婆爬盆排盘陪

　　　（仄声）→b　抱败并薄暴倍

定母（平声）→t　田亭甜逃同谈

　　　（仄声）→d　垫定地稻洞淡

从母（平声）→c　才蚕从层丛瓷

　　　（仄声）→z　在杂族赠坐罪

　　　（平声）在今 i y 前→q　前情脐秦

　　　（仄声）在今 i y 前→j　践静荠疾

邪母（平声）→c　词辞

　　　　　　　→s　随隋

　　　（仄声）→s　似饲穗

　　　（平声）在今 i y 前→q　囚泅

　　　　　　　　　　　　　→x　寻邪旋详

　　　（仄声）在今 i y 前→x　袖习象席

澄母（平声）→ch　池持潮绸陈

　　　（仄声）→zh　治痔赵宙阵

床母（平声）→ch　船崇唇乘

　　　（仄声）→sh　食术顺剩

禅母（平声）→ch　禅坐禅成盛盛盛饭承

　　　（仄声）→sh　禅禅让石盛兴盛属

群母（平声）→k　逵葵馗

　　　（仄声）→g　跪柜共

　　　（平声）今 i y 前→q　渠旗穷群

　　　（仄声）今 i y 前→j　巨忌局近

匣母（平声）→h　还孩红豪痕

　　　（仄声）→h　害核鹤诰恨

（2）唇音分化，是说中古时期原来只有双唇音帮、滂、並、明。后来在合口三等韵中，这双唇音就演变成了唇齿音 f，明母就变成以 u 开头的零声母，这就是"三十六字母"中的非、敷、奉、微四个声母。非、敷、奉今都读 f，微今读零声母。合口三等韵 9 个拼唇音声母的是：

虞（麌遇）：夫俘符府抚父付赴附

无巫武舞务侮

废　　　：废肺吠

微（尾未）：非飞妃肥匪菲沸痱

微尾未味

凡（范梵乏）：凡帆范犯泛梵法乏

元（阮愿月）：番翻藩烦繁反贩饭发伐罚

晚挽万袜

文（吻问物）：分粉坟忿粪奋弗佛

文纹蚊闻吻刎问物勿

阳（养漾药）：方防芳妨房纺访缚

亡忘网望妄

东（董送屋）：风疯丰冯讽凤福腹服伏

钟（肿用烛）：封峰蜂逢奉俸缝

精组（精、清、从、心、邪）、见组（见、溪、群、疑）和晓组（晓、匣）在今 i、y 音前颚化而变为 j、q、x，其中疑母多数失落鼻音，读为 i、y 开始的零声母，和上文明母演变的情形相似，少数则变为 n 声母。浊音的从、邪、群、匣既有清化，又有颚化的现象，上文已谈到，这里就不说了。例如：

精　组　尖笺姐千先秋修酒秀爵削

见晓组　肩坚牵悭险丘休九朽脚谑

疑　母　仰研岳疑迎愚玉狱硬言颜雁吟艺牛

　　　　拟凝逆虐尊

这样，今天的北京话，古精组、见组、晓组在 i、y 音前就混而不分了，这叫做不分尖团。

韵母的演变

古今韵母的演变主要有两个方面，一是古-m 尾韵在今北京话中都读同-n 尾韵；二是入声韵尾-p、-t、-k 失落。

中古音系的咸摄（包括覃、谈、咸、衔、盐、严、添、凡及其上声、去声韵）、深摄（侵韵及其上声、去声韵）是-m 尾韵，今广州、厦门等粤、闽方言还保留读-m 尾韵，但在北京话中则读-n 尾韵。例如：

覃韵　耽贪南堪含感探→an

谈韵　担谈三甘胆敢淡→an

咸韵　咸减斩赚陷→an ian

衔韵　衫监衔→an ian

137

盐韵　尖钳炎瞻陕染验→an ian

严韵　严醃剑欠→ian

添韵　添甜兼点店念→ian

凡韵　凡帆犯泛梵→an

侵韵　林心今森任枕渗→en，in

这样，在今北京话中，古咸摄字和古山摄字读音相混，例如：

堪（咸摄）＝刊（山摄）kān

耽（咸摄）＝丹（山摄）dān

甘（咸摄）＝干（山摄）gān

男（咸摄）＝难（山摄）nán

探（咸摄）＝叹（山摄）tàn

监（咸摄）＝艰（山摄）jiān

盐（咸摄）＝延（山摄）yán

兼（咸摄）＝坚（山摄）jiān

古深摄字和古臻摄字读音相混，例如：

深（深摄）＝身（臻摄）shēn

针（深摄）＝真（臻摄）zhēn

心（深摄）＝新（臻摄）xīn

音（深摄）＝因（臻摄）yīn

饮（深摄）＝隐（臻摄）yǐn

锦（深摄）＝紧（臻摄）jǐn

浸（深摄）＝进（臻摄）jìn

任（深摄）＝认（臻摄）rèn

中古音系咸摄入声韵的合、盍、洽、狎、叶、业、帖、乏韵，及深摄入声韵的缉韵，都带有-p尾；山摄入声韵的曷、黠、镈、薛、月、屑、末韵，以及臻摄入声韵的质、栉、迄、没、术、物韵，都带有-t尾；宕摄入声韵的铎、药韵，江摄入声韵的觉韵，曾摄入声韵的德、职韵，梗摄入声韵的陌、麦、昔、锡韵，以及通摄入声韵的屋、沃、烛韵，则都带有-k尾。这些入声韵的-p、-t、-k尾，在今北京话中全部失落，这样，古入声韵在北京话中就读同舒声的元音尾韵了。例如：

合盍盒（咸摄入声）＝禾和（果摄）hé

纳（咸摄入声）＝那（果摄）nà

十拾（深摄入声）＝时（止摄）shí

立粒（深摄入声）＝利（止摄）lì

滑猾（山摄入声）＝华（假摄）huá

触（通摄入声）＝处（遇摄）chù

促（通摄入声）＝醋（遇摄）cù

麦脉（梗摄入声）＝卖（蟹摄）mài

各（宕摄入声）＝个（果摄）gè

 声调的演变

古今声调的演变可以归结为：浊上变去，入派三声。这都是指调类，而非调值。

　　所谓浊上变去，就是古全浊声母上声字，今北京话都读去声。其他古阴平今仍读阴平，古阳平今仍读阳平，古阴上今读上声，古上声中的次浊音（指古鼻音、边音、半元音）声母字今仍读上声。

　　所谓入派三声，就是古入声字在今北京话中，派入平声（包括阴平、阳平）、上声、去声。其实，古入声在今北京话中的演变，也有一定规律可循。那就是古入声中的全浊声母字今读阳平，如"读、俗、毒、轴、直、十、拾、盒、学"等；古入声中的次浊声母字今读去声，如"月、末、物、莫、密、易、欲"等。这样，就剩下古入声中的清音声母字，在今北京话中的读法还无规律可循，只好死记硬背了。

　　关于古今声调的演变，可归纳如下：

　　　　古阴平→今阴平：多歌车杯兵夫

　　　　古阳平→今阳平：驮禾茶梅亭田

　　　　古阴上→今上声：左火姐腿挺点

　　　　古阳上（次浊声母）→今上声：米老友女买
　　　　　　　　　　　　　　　　　　奶我野

　　　　古阳上（全浊声母）→今去声：动稻坐是近
　　　　　　　　　　　　　　　　　　受造在

　　　　古阴去→今去声：记变做借配店

　　　　古阳去→今去声：贺饿射队定健

　　　　古阴入→今阴平：一接脱托贴鸽结_{结实}

　　　　　　　　→今阳平：革隔菊桔博劫结_{结果}

140

→今上声：乙笔铁塔索雪

→今去声：拓榻魄畜蓄泄

古阳入（次浊声母）→今去声：力略觅密落

诺叶物

古阳入（全浊声母）→今阳平：读毒学俗局

轴敌十

 ## 4　演变规律的例外

语言的演变，特别是语音的演变，很明显地有它自己的规律。但无论声母，还是韵母，还是声调，在有规律地演变的同时，都有这样或那样的不合规律之处，这种例外现象当然属于少数，但值得注意，值得研究。下面举"溪"、"佩"、"携"、"矿"、"甬"等例子加以说明。

溪，是古三十六字母之一。"见、溪、群、疑"之中，"溪"代表送气的舌根音声母〔k'〕。说明隋唐时期的标准读音是〔k'〕声母。"溪"字属《广韵》齐韵，苦奚切。按语音演变规律，〔k'〕声母在今 i、y 韵前颚化，北京话应读为 qī，但今北京话读为 xī。按今北京话读音，"溪"母和"晓"母相混了。今江浙一带都读阴平调的〔tɕ'i〕，符合演变规律。今广州话读阴平调的〔hɐi〕，古溪〔k'〕母在今广州话中演变为 h，如"快、苦、睏"等字，都读 h 声母，所以都符合规律，而北京话中的古溪母字，今都读 k（如

"快、考、睏、苦、哭、开"等）或 q（如"气、巧、去、牵、缺"等），就是"溪"读为 xī。是否受偏旁"奚" xī 的影响而致，不敢断言。

佩，《广韵》去声队韵，蒲昧切。按规律，古全浊声母的並母逢仄声，今北京话一定读不送气声母，音同"倍" bèi。其他古並母仄声字也都读不送气声母，如"被、並、别、抱、败、薄、蚌、部"等。可就是"佩"读成 pèi，音同"配"了。令人百思不得其解。

携，《广韵》平声齐韵合口字，户圭切。今北京话应读同"回" huí。齐韵合口平声字"圭、闺、奎"都读 uei 韵，齐韵合口去声字的"惠、慧"读 huì，而"携"今读 xié（音同"谐"），声母、韵母都不合演变规律。和"携"同一个反切的"畦"则读 qí，如"畦田、菜畦、一畦韭菜"等。都叫人莫名其妙。

矿，《广韵》上声梗韵合口字，古猛切。按规律今北京音应读 gǒng。北京的老年人过去不只读书时读为 gǒng，连不认字的人说"金矿、银矿"，都说 gǒng，但现在，无论读书还是说话，一律读同"旷" kuàng。《新华字典》（1962 年修订重排本）就注有 kuàng 和 gǒng 两音，可见"矿"读 kuàng 是近几十年的事。同样，今吴语崇明话，把石灰叫做"矿灰"，"矿"读阴上调〔ku ã〕，符合古反切，这是老百姓口耳相传，都这么说话，也不知道这就是"矿灰"这两个字。一到读书，碰到"矿"字，就读同"旷"了。声母、声调都越轨而成例外了。

甭 béng，这个字音在北京话中很特别，不只没有同音字，而且不符合北京话语音结构和语音演变的规律。

从北京话的语音结构规律看，鼻尾韵（an、ian、uan、üan、en、in、uen、ün，ang、iang、uang、eng、ing、ueng、ong、iong）的阳平字，没有 b、d、j、zh、z、g 等不送气声母，只有非鼻尾韵的阳平字才有不送气声母。例如：

鼻　尾　韵		非鼻尾韵	
般 bān	（无 bán）	巴 bā	拔 bá
奔 bēn	（无 bén）	掰 bāi	白 bái
边 biān	（无 bián）	包 bāo	薄 báo
宾 bīn	（无 bín）	波 bō	博 bó
登 dēng	（无 déng）	低 dī	笛 dí
东 dōng	（无 dóng）	多 duō	夺 duó
端 duān	（无 duán）	都 dū	读 dú
精 jīng	（无 jíng）	基 jī	极 jí
坚 jiān	（无 jián）	居 jū	局 jú
真 zhēn	（无 zhén）	知 zhī	直 zhí
张 zhāng	（无 zháng）	斋 zhāi	宅 zhái
征 zhēng	（无 zhéng）	周 zhōu	轴 zhóu
中 zhōng	（无 zhóng）	渣 zhā	煤 zhá
尊 zūn	（无 zún）	遭 zāo	凿 záo
宗 zōng	（无 zóng）	遮 zhē	哲 zhé
跟 gēn	（无 gén）	哥 gē	革 gé

（按：相声“逗哏”的“哏”音 gén，《现代汉语词典》注明“哏”是方言用语。）

从北京话语音的演变规律看，只有从古入声来的阳平字，才有 b、d、j、zh、z、g 等不送气声母，如上文表中的"拔、白、薄、博、笛、夺、读、极、局、直、宅、轴、煤、凿、哲、革"都是入声字。

这个"甭"béng，当然并非来自古入声字，因为有一个鼻尾韵。而鼻尾韵遇不送气声母读阳平调，就是奇而又怪。原来，"甭"是一个合音字，是"不"和"用"的合音。"不"在北京话里单读是阴平或去声，但是"不"字和去声字相连时，一律变阳平调。例如"不是"、"不要"、"不去"、"不算"、"不"字都读阳平调。所以"不用"的"不"也是阳平调，"不用"合并成"甭"也成阳平调了。这样，"甭"在北京话中虽然是个例外音、特殊音，但它自己也有它自己的特殊的规律，有它自己的道理。

5 禁忌语和特殊音变

禁忌语就是犯忌讳的话，回避禁忌语有多种方法，各地区又有不完全相同的禁忌语，例如北京话不说"蛋"，而说"鸡子儿"；崇明话回避"倒霉"的"霉"，而把"煤"说成"兴旺"；湖南有的地方讳"鳖"，而把同音的"笔"，叫做"写杆"；有的地方讳"逃"而把同音的"桃"，叫做"大杏"（"杏"谐"幸"）；还有的地方把食用的猪舌头称作"猪赚头"、"口条"、"门枪"等，以回避"舌"（音同蚀本的"蚀"）这个音。这类回避禁忌语的方法，和语音的特殊变化无紧密的关联，这里不详加讨论。另有一些回避禁忌语的方法，是在声韵上出现微妙的不合规律的变异。人们在说话、交际时习以为常，习而不察，以为这些读音自古而然，是长期以来公认的符合规范的标准读音。现在举"雀（鸟、鸠）、入、吃"等例子说明。

雀，《广韵》入声药韵，即略切。声母是古精母，不送气，按理北京话应读 juè。现在北京话读的是送气声母：què、qiāo、qiǎo。

读 què 的是：雀斑、雀鹰、雀跃

读 qiāo 的是：雀子（指雀斑）

读 qiǎo 的是：雀盲眼（夜盲）

今崇明话"雀"的书面读音也是送气音，音同"鹊"[tɕʻiaʔ]，阴入调。而在口语中，如"雀子斑"这个词中，"雀"音同"爵"，是不送气声母，和"即略切"的古音相合。崇明话把麻雀叫做"麻将"，把鸟儿叫做"将"（去声）。浙江温岭话把雀子斑叫做"鸟子斑"，"鸟"读都了切，音同"吊"的上声，和古音相合。

可以说，北京话把"雀"读送气声母，大概因"雀"、"鸟"义同，所以是回避的结果。这和"鸟"古音都了切，北京话却读成 n 声母的道理相同。"雀"和"鸟"同义互用的情况，可从方言对应关系中看到（见下表）：

	崇明	温岭	北京
雀斑	雀（音爵）子斑	乌子斑	雀子 qiāo·zi
乌儿	将（阴去）	乌（吊的上声）	乌儿 niǎor

从表中可看出，崇明话根本不说"乌"，温岭话不说"雀"，北京话则把"乌"、"雀"都悄悄变了个音。今玩儿"麻将"，日本人则仍写"麻雀"，也是以"将"代"雀"。

广州话的"鸠"［kɐu］（阴平）因是个粗字眼，就把本来是同音的"钩"，读成［ŋɐu］（阴平），以避开那个不太文雅的音。北京话及吴语等方言"鸠"jiū和"钩"gōu不同音，也不存在回避哪个的问题，读音都符合演变规律。

入，《广韵》入声缉韵，人执切。北京话应读 rì，音同"日"。但北京话现在读 rù，和"日"不同音了。

"入"之读 rù，实际上是回避粗话的结果。"入"自宋元以来的白话文学作品中，都用来骂人，如《水浒传》中就骂"入娘撮鸟"、"直娘贼"、"日娘贼"。"入、直、日"在今苏、沪一带都同音，所以可随便替换。在《金瓶梅》中，"入、合、亼、值"是同音的骂人脏话。上海一带，"入娘贼"是常能听到的骂人话，所以在吴人写作的《三言》、《二拍》中，都用"入"字来骂。当代北方话作家马烽、西戎的《吕梁英雄传》中，就有"狗入的"和"狗日的"骂人话，可知北方口语中，"入"和"日"同音。

北京话把"入"读成 rù，人们很自然就以为

"入"和骂人话的 rì 毫无瓜葛了。

吃，用作"吃饭"的"吃"，是"喫"的简化字，《广韵》入声锡韵，苦击切。按规律，今北京话应读 qi（声调可先不论，因为古清音声母的入声字今北京话可读平、上、去，无规律可循）。可实际上，北京话现在读 chī，不合规律。

"吃"的不规则读音，不只北京有这个现象，其他地区也有这个问题。例如山东海阳、黄县等胶东地区，就不说"吃饭"，而说"逮饭"，蒲松龄的《聊斋俚曲集》写作"歹饭"。又如浙江宁波等地，把"吃饭"读同"曲饭"。

山东胶东地区，古清音声母入声字今一律读上声，这样"吃饭"就音同"乞饭"。吴语有入声，所以"吃、乞"同音。所以，山东胶东地区就根本不说"吃饭"，宁波等地说成"曲饭"，方式不同，目的相同，都是回避"乞饭"这个音。明万历本《金瓶梅词话》就有"乞自在饭"语，用"乞"代"吃"，玩文字游戏。

比较了其他方言的情况，可以知道北京的"吃饭"，也是为了回避"乞饭"而致。

九　清代的古音研究

　　清代是汉学特别是考据学的全盛时代。清代的经学家从顾炎武开始，戴震、钱大昕、段玉裁、王念孙、王引之等，都以小学（包括音韵、文字、训诂）来治经学，在经学和小学方面，都取得了很大的成就。

　　清代学者的音韵研究，着重在先秦古音的韵部，其次则在古音的声类。至于《切韵》、《广韵》所代表的唐宋时期的中古音，清代学者称之为今音，不够重视。但在研究古音时，还得从今音出发，还是用《广韵》的206韵来归纳。

　　清人关于上古韵部的研究，由粗转精，越分越细。从顾炎武的十部，江永的十三部，到段玉裁就分成十七部，江有诰和王念孙都分二十一部（分法略有不同），到章太炎就分成二十三部了。关于上古的声类，有钱大昕的"古无轻唇音"、"古无舌上音"，曾运乾的"喻三归匣，喻四归定"，章太炎的"娘日归泥"等发现。

　　下面分别介绍段玉裁、江有诰、钱大昕、章太炎的有关古韵部、古声类的研究。

段玉裁的古韵十七部

段玉裁（1735～1815年），字若膺，号茂堂，江苏金坛县人。于乾隆二十五年（1760年）中乡试，入都会试，屡不中。三十五年被授贵州玉屏县知县，后又为四川富顺、南溪、巫山知县。经十年，称病回乡里。

段玉裁博览群书，著述宏富，著有《六书音均表》、《诗经小学》、《古文尚书撰异》、《周礼汉读考》、《仪礼汉读考》、《说文解字注》及《经韵楼集》等。

段玉裁认为，音韵是语言文字的根本，所以他治学是以音求义。他在寄呈《六书音均表》给他老师戴震的信中说："音均明而六书明，六书明而古经传无不可通。""音均"就是音韵。"六书"指造字的六种方法，也可泛指文字。《六书音均表》是段氏古音研究的代表作。他在顾炎武分古韵为十部、江永分古韵为十三部的基础上，分古韵为十七部。段氏古韵十七部是上古韵部研究的基础，段氏据古音相近的次序排列：

第一部　之部（之止志、咍海代及入声职、德）

第二部　萧部（萧篠啸、宵小笑、肴巧效、豪皓号）

第三部　尤部（尤有宥、幽黝幼及入声屋、

149

沃、烛、觉）

第四部　侯部（侯厚候）

第五部　鱼部（鱼语御、虞麌遇、模姥暮及入声药、铎）

第六部　蒸部（蒸拯证、登等嶝）

第七部　侵部（侵寝沁缉、盐琰艳叶、添忝桥帖）

第八部　覃部（覃感勘合、谈敢阚盍、咸赚陷洽、衔槛鉴狎、严俨酽业、凡范梵乏）

第九部　东部（东董送、冬宋、钟肿用、江讲绛）

第十部　阳部（阳养漾、唐荡宕）

第十一部　庚部（庚梗映、耕耿诤、清静劲、青迥径）

第十二部　真部（真轸震质、臻栉、先铣霰屑）

第十三部　谆部（谆准稕、文吻问、欣隐焮、魂混慁、痕很恨）

第十四部　元部（元阮愿、寒旱翰、桓缓换、删潸谏、山产裥、仙狝线）

第十五部　脂部（脂旨至、微尾未、齐荠霁、皆骇怪、灰贿队、祭、泰、夬、废，及入声术、物、迄、月、没、曷、末、黠、镈、薛）

第十六部　支部（支纸寘、佳蟹卦，及入声陌、麦、昔、锡）

第十七部　歌部（歌哿箇、戈果过、麻马祃）

段氏古韵十七部的最大贡献，是把之部、脂部、支部分立了。之、脂、支三韵，自唐始，即使功令文字，都已混用不别。段氏根据《诗经》押韵，以及群经有韵之文和楚辞《离骚》、秦汉六朝词章，把顾炎武、江永都混合不分的之、脂、支三部分开了。段氏把自己的这个发现报给他的老师戴震，戴震经过三年的思考和核实，才表赞同。戴震称赞段氏的发现是"发自唐以来讲韵者所未发"。自唐至清一千多年间，段氏第一个搞清了古音之、脂、支三部的分别。钱大昕也因段氏之说"凿破混沌"而为之作序。钱氏《序》中说，段氏十七部"若网在纲，有条不紊，穷文字之源流，辨声音之正变，洵有功于古学者已"。

段氏关于上古声调认为有平、上、入，而无去声。到了魏晋，上声入声多转而为去声，平声多转而为仄声，于是乎四声大备。段氏关于声调的说法不够具体明白。

 ## 江有诰的古韵廿一部

江有诰（？～1851年），字晋三，号古愚，安徽歙县人。江有诰著有《音学十书》，把古音分为二十一部。江有诰对古音的研究很深入，他的二十一部谐声表和入声表全面地分析了古音和谐声偏旁的关系，以及古音向今音演变的情形。江氏的谐声表，是按照"同声必同部"的原则制作的，就是说同一声旁的字一定属于同一韵部，这为后来的古音学者提供了一个重要的研究方法。段玉裁评价江有诰是"音韵功深"，当然江氏的经学远不如段氏，故段氏同时又说江氏是"古学疏浅"。江有诰还提出上古有四种声调，当然和后来的平上去入四声分类不太相同。

江有诰的古韵廿一部总目如下：

之部第一，之咍止海志代职德；灰贿队；尤有宥屋三分之一。

幽部第二，尤幽有黝宥幼；萧肴豪篠巧皓啸效号之半；沃半；屋觉锡三分之一。

宵部第三，宵小笑；萧肴豪篠巧皓啸效号之半；沃药铎之半；觉锡三分之一。

侯部第四，侯厚候；虞麌遇之半；屋觉三分之一。

鱼部第五，鱼模语姥御暮陌；虞麌遇麻马祃之半；药铎麦昔之半。

歌部第六，歌戈哿果简过；麻马祃之半；支纸寘三分之一。

支部第七，佳蟹卦；齐荠霁之半；支纸寘三分之一；麦昔半；锡三分之一。

脂部第八，脂微皆灰纸尾骇贿至未怪队质术栉物迄没屑；齐荠霁黠之半；支纸寘三分之一。

祭部第九，祭泰夬废月曷末鎋薛；黠之半。

元部第十，元寒桓删山仙阮旱缓潸产狝愿翰换诔裥线；先铣霰三分之一。

文部第十一，文欣魂痕吻隐混很问焮恩恨；真轸震三分之一；谆准稕之半。

真部第十二，真臻先轸铣震霰；谆准稕之半。

耕部第十三，耕清青耿静迥诤劲径；庚梗映之半。

阳部第十四，阳唐养荡漾宕；庚梗映之半。

东部第十五，钟江董肿讲用绛；东送之半。

中部第十六，冬宋；东送之半。

蒸部第十七，蒸登拯等证嶝。

侵部第十八，侵谈寝感沁勘；咸臻陷凡花梵之半。

谈部第十九，谈盐添严衔敢琰忝俨槛阚艳桥酽鑑；

咸臻陷凡范梵之半。

叶部第二十，叶帖业狎乏；盍洽之半。

缉部第二十一，缉合；盍洽之半。

江有诰的二十一部，比段玉裁十七部多了中部、祭部、叶部、缉部。江氏把入声只配阴声韵，不配阳声韵。这些都是比段氏进步之处。江氏和王念孙不约而同都分了二十一部，都分出了祭部、叶部、缉部，江氏另分出中部，王氏则另分至部，所以都是二十一部。

钱大昕的"古无轻唇音"、
"古无舌上音"

钱大昕（1728～1804年），字晓徵，一字辛楣，号竹汀，嘉定人。钱大昕是史学家，著有《廿二史考异》、《元史氏族表》、《潜揅堂文集》、《十驾斋养新录》等。钱大昕虽然是史学家，但他对音韵学特别是上古音的声类有精深的研究。

钱大昕很重视声音之于训诂考据的意义。他在为段玉裁《六书音均表》所写的《原序》中说："古人以音载义，后人区音与义而二之。音声之不通而空言义理，吾未见其精于义也。"他还批评一些学者，在读《诗经》时，用隋唐时的韵类去对待，读不通了，就来个"叶韵"。钱氏认为，这说明那些人既不懂隋唐之音，更不懂上古之音。

清人研究古音重在划分韵部，钱大昕是清代学者中，第一个对古音声类作了深入研究的人。他的"古无轻唇音"和"古无舌上音"，已成了古音声类的定论。

"古无轻唇音"，就是说，在上古，只有双唇（重唇）音 p p' b m，而没有唇齿（轻唇）音 f v。唐守温和尚最初的三十字母中，只有"不、芳、並、明"四个唇音声母，到了后来的三十六字母，就变成：

重唇（双唇）：帮滂並明

轻唇（唇齿）：非敷奉微

"非敷奉微"所代表的 f、v 两个音，是在宋元时期从"帮滂並明"中分化出来的。

钱大昕以大量古书异文的例子，如《左传》"部娄无松柏"句，《说文解字》引用时，把"部娄"写作"附娄"，说明"附"读同"部"音。又如《水经注》

"文水即门水也"，说明"文"读同"门"。钱氏嘉定人，属吴语方言，他还特别指出"今吴人呼蚊如门"，一点不错。上海地区至今"蚊子"音同"门子"。又如《庄子·逍遥游》"汾水之阳"，司马彪注本等把"汾水"作"盆水"，说明"汾"读同"盆"。又如《论语》"且在邦域之中矣"，《经典释文》谓"邦或作封"，说明"封"读如"帮"。又如佛经多用"南无"，其中"无"读如"谟"。钱氏谓佛经翻译多在东晋，说明东晋时还保持古音读法。后来"无"又转如"毛"，钱氏特别说"今江西湖南方音读无如冒，即毛之去声"。钱氏所引经典异文以及方言读音，都足以证明上古确实只有重唇音"帮滂並明"，而无轻唇音"非敷奉微"。

"古无舌上音"，是钱大昕关于上古声类的又一重要发现。钱氏的原话是"古无舌头舌上之分"，就是指"知彻澄"三母，在上古和"端透定"三母读音相同。"知彻澄"三母，实际上是在中古时期从"端透定"分化出来的。钱氏引用了大量"知彻澄"古读"端透定"的例子。例如：

《说文》"冲"读若动。

《周礼·太卜》"掌三梦之法，三曰咸陟"。注："陟之言得也，读如王德翟人之德。"这是说古音陟读如得或德。

《诗经》"实惟我特"的"特"，《经典释文》、

《韩诗》都作"直"。这是"直"读如"特"。

还有很多，如"古音竹如笃"，"古读猪如都"，"古读追如堆"，"古读卓与的相近"，"古读倬如菿"，"古读桭如棠"，"古读沈如潭"，"古读廛如坛"，"古读陈如田"，"古读咮如斗"，"古读涿如独"等等，都引用了很多古籍书证，可谓确凿无疑。

从今天的方言看，福建、台湾、潮州、海南等地的闽语，古"知彻澄"三母的字，今多数仍读同"端透定"母，以厦门话为例，"知、蜘、猪"都读同"低"[ti]（阴平调）；"迟、持、池"读同"提"[ti]（阳平调）；"置、智、致"读同"蒂"[ti]（阴去调）；"稚、痔、峙、箸"读同"地"[ti]（阳去调）。

章太炎的"娘日归泥"

章炳麟（1869～1936年），又名绛，字枚叔，号太炎，浙江余杭人。章太炎是近代民主主义革命家、思想家、学者。章氏论著宏富，对哲学、文学、历史学、语言学都有重大的贡献。他的《国故论衡》《新方言》是关于音韵、训诂、文字、方言的重要著作。

古音"娘日归泥"，指的是中古三十六字母中的娘母[ȵ]、日母[ȵʑ]在上古都读泥母[n]。章氏从谐声偏旁、古读声训、古籍异文等多方面，举出大量例子，来证实他提出的"娘日归泥"。例如：

从谐声偏旁看，"涅"从日声，而"涅"也作"泥"。《广雅·释诂》"涅，泥也。""涅而不缁"亦作

"泥而不淄"，可知日、泥声母都是［n］

　　从声训看，"入"是日母字，古文以"入"为"内"。《释名》"入，内也"。可知"入"的声母和"内"的声母同，都是［n］。又如"任"是日母字，《白虎通德论》、《释名》都说"男，任也"，又说"南之为言任也"。所以"任"和"男、南"同音。"男、南"泥母字，故"任"的声母也读泥母［n］。

　　从异文看，"然"的异文作"蘸"，"蘸"从艸难声。可知"然"今读日母，古读和"难"同，都是［n］声母。

　　从异读看，"女"在古代有两种读法，"男女"的"女"是泥母，"尔女（汝）"的"女"读同"汝"（义同"你"），"汝"是日母字。可知上古日母读同泥母。又如"而"日母字，《淮南子·原道训》"行柔而刚，用弱而强"，注疏家郑康成、高诱都把"而"读为"能"（按，古音"能"同"耐"），可知"而"的声母和"能、耐"一样，都是［n］。又如"如"，从女声，古音和"奴、拏"同音，可又读为"奈"。《公羊传·定公八年》传"如丈夫何"，解诂谓"'如'犹'奈'也"。可知"如、奈"都读泥母。

　　还有很多例子，可证日母古读泥母：

仍扔（日母）	乃（泥母）
人（日母）	年（泥母奴颠切）
仁（日母）	佞（泥母奴定切）
攘嚷让瓤（日母）	囊曩馕囔（泥母）

柔糅揉蹂（日母）　　猱（泥母）

儒濡孺蠕襦（日母）　　懦糯（泥母）

弱（日母）　　　　　　溺嫋搦（泥母）

若喏惹（日母）　　　　诺喏（泥母）

至于娘母的"尼、昵"，和泥母的"泥、觊"在上古更无区别。如"仲尼"这个名字，《三苍》就作"仲觊"，《夏堪碑》作"仲泥"。可知尼、泥无所区别。

章太炎最后还指出，"今闽广人亦不能作日纽也"。今广州话日母字读零声母，闽语日母字今读 [n]，和 [l] 常相混。最明白的例子要算吴语，吴语口语音中古日母字多读 [ȵ]，"日、热"读同"匿"，"染"读同"年"的上声。

章太炎除了提出"娘日归泥"说之外，还对上古的声类、韵部作了归纳。

章氏的上古声类《纽目表》如下：

喉音：见　溪　群　疑

牙音：晓　匣　影　（无喻母）

舌音：端　透　定　泥　来　（无知彻澄娘日）

齿音：照　穿　床　审　禅　（无精清从心邪）

唇音：帮　滂　并　明　（无非敷奉微）

章氏的《韵目表》分上古音二十三部，比江氏二十一部多了泰韵和队韵。左列阳声韵（还有两个入声韵）和右列阴声韵对转：

寒——歌、泰

谆——队、脂

真——至

青——支

阳——鱼

东——侯

冬侵、缉——幽

蒸——之

谈、盍——宵

十　瑞典汉学家高本汉的音韵研究

在高本汉之前，从明末开始，就有一些西方传教士来到中国传教，同时学习和了解中国的语言和文化。其中如利玛窦（1552～1610）、金尼阁（1577～1628），还对汉字的注音作过尝试。特别是金尼阁的《西儒耳目资》用25个罗马字注音字母（20个辅音字母，5个元音字母），和5个表示声调的符号，创造了一套罗马字注音方案。这比中国传统的反切，自然要方便得多了。但他们还没进入汉语音韵学的研究。

在西方的汉学家中，为中国音韵学作出划时代的贡献并产生深远影响的，要数瑞典汉学家高本汉了。

高本汉（Klas Bernhard Johannes Karlgren，1889～1978），瑞典汉学家。早年曾来中国，并在山西住过几年。赵元任1924年夏在瑞典哥特堡城初次见到高本汉时，高本汉就用带山西口音的汉语说："我姓高，名字叫本汉，因为我本来是汉人！"所以我们可以从他的中文名字看到他的志向。

高本汉是个汉学家，不只是一个汉语音韵学家，他涉及的领域很宽，他的著作除了《中国音韵学研究》外，还有《分析字典》、《诗经研究》、《汉语文字》、《〈左传〉的性质及其真伪问题》、《汉语音韵史纲要》等。高本汉对代表中华文明精粹的汉学极为推崇，他在《中国音韵学研究》绪论中一开头就谈道：

> 没有一种学术的领域比汉学更广的了。从前不过经传教士和外交家"爱美的"（amateur，业余爱好者）作了一阵，在近二十年间，它已经升为专家所作的科学了。这些专家的兴趣，大多数都在中国历史学、考古学、美术跟宗教方面。至于语言学方面，因为表面的干燥，缺少引人的地方，所以没有鼓励起同样的兴趣，这是无足怪的。但是我们不能否认，汉学比任何别的科学需要语言学的地方更多，因为中国文字的构造完全不能，或几乎不能，告诉我们字的读音。哪一天语言学能够把中国古音的系统确实的拟测出来，哪一天历史学跟考古学就会很感谢地看出许多关于东亚细亚跟中亚细亚的问题，都不成问题了。

尽管高本汉研究领域宽阔，著作丰富，但他最大的贡献还是在汉语音韵领域，最有影响的书还是那部《中国音韵学研究》。

《中国音韵学研究》（Études sur la phonologie chinoise）始刊于1915年，至1926年完成。前三卷先出版，立即引起当时学术界的极大兴趣，赵元任、刘半农、胡适等人都想把它译成中文，以广流传。傅斯年于中译本序中曾说到，当时中央研究院历史语言研究所还在初创阶段，译书非该所研究计划中的事，但对高本汉这本书，就是一个例外了。最后中译本由赵元任、罗常培、李方桂翻译，丁声树校读，杨时逢缮写，于 1940 年出版。

《中国音韵学研究》的方法，是从古韵书、韵图提供的反切、古音类出发，利用现代方言的材料来拟测古音。高本汉在法文原版序中说道："我所以选择这个题目，有一种特别的情形。差不多没有哪一国的方音研究，能像瑞典这样进深的。在前一世纪的最后 20年，就曾经有过一番很有效果的工作，是用最新的方法来分析瑞典各种语言，并且曾经有很美满的结果。我现在就是提议用我们瑞典的方法来研究直到现在还未经十分垦植的中国音韵学。"高本汉确实如他所说的那样，利用 33 种方言，其中他亲自调查的有 24 种，对 3125 个例字记了音。还用上了域外的汉字读音：日语的吴音汉音、安南音、高丽音。高本汉这个方法，和我们清代学者主要从书面资料到书面资料的治学方法很不同，为中国新一代语言学家开创了从活方言出发研究音韵的新方向和新方法。

高本汉通过对汉语方言的调查研究，第一个明确提出了汉语方言中四个韵母：ㄗ ㄓ ㄐ ㄑ。例如：

ㄗ：北京话"资 疵 斯"
ㄓ：北京话"知 蚩 诗 日"

ʮ：上海话"诸　主　处　书"

ʮ：平凉话"初　锄　诸　书"

高本汉还用画圈来标调类，例如标四声：

平　　　上　　　去　　　入

ₒ□　　ᵒ□　　□ᵒ　　□ₒ

假使每类再分阴阳，阳调类可以在圈号下加一短横表示，例如：

阳平　阳上　阳去　阳入

ₒ□　　ᵒ□　　□ᵖ　　□ₚ

像北京话只有阴平、阳平、上声、去声四个调类的，那就是ₒ□（阴平）、ₒ□（阳平）、ᵒ□（上声）、□ᵒ（去声）。我们现在的方言工作者，还一直用这些音标记录方言。

　　当然，高本汉最大的功绩，是他对中古汉语的声、韵系统的拟测。20世纪30年代以后的音韵学著作，无论是申述他的意见，还是纠正他的看法，无不以高本汉这方面的研究为出发点，无不受高本汉的影响。现在把高本汉对中古音的构拟列表如下，可用来和李方桂的拟音作比较（《中国音韵学研究》对声调的说明和记录最不见长。他用平上去入各分阴阳来归纳中古声调。对方言的声调也只记调类，不记调值）。

中古声母

帮	p	滂	p'	並	b'	明	m
端	t	透	t'	定	d'	泥	n			来	l
知	ȶ	彻	ȶ'	澄	ȡ'	娘	ȵ
精	ts	清	ts'	从	dz'			心	s	邪	z
照₂	tʂ	穿₂	tʂ'	床₂	dzʐ'			审₂	ʂ
照₃	tɕ	穿₃	tɕ'	床₃	dʑ'	日	ȵʑ	审₃	ɕ	禅	ʑ
见	k	溪	k'	群	g'	疑	ŋ	晓	x	匣	ɣ
影	ʔ
喻	O

中古韵母

果摄开口一等：歌哿箇	ɑ
二等：麻马祃	a
三、四等：麻马祃	ïa
合口一等：戈果过	uɑ
二等：麻马祃	wa
止摄开口二、三、四等：微尾未	jěi
脂旨至	ji
支纸寘	jiě
之止志	ji
合口二、三、四等：微尾未	jʷěi
脂旨至	jʷi
支纸寘	jʷiě
蟹摄开口一等：哈海代	ɑi
泰	ɑi
二等：皆骇怪	ai̮

164

	佳蟹卦	ai		
三、四等：	齐荠霁	iei		
	祭	ïɜ̆i		
合口一等：	灰贿队	uɑi		
	泰	uɑi		
二等：	皆 怪	ʷai		
	佳蟹卦	ʷai		
	夬	ʷai		
三、四等：	齐 霁	ʷei		
	祭	ï̮ʷɛi		
	废	ïʷɐi		
咸摄开口一等：	覃感勘	ɑm	合	ɑp
	谈敢阚	ɑm	盍	ɑp
二等：	咸豏陷	am	洽	ap
	衔槛鉴	am	狎	ap
三、四等：	盐琰艳	ïɜm	叶	ïɜp
	严俨酽	ïɐm	业	ïɐp
	添忝㮇	iem	帖	iep
	凡范梵	ïʷɐm	乏	ïʷɐp
深摄开口二、三、四等：	侵寝沁	ïem	缉	ïep
山摄开口一等：	寒旱翰	ɑn	曷	ɑt
二等：	山产裥	an	鎋	at
	删潸诔	an	黠	at
开口三、四等：	仙狝线	ïɜn	薛	ïɜt
	元阮愿	ïɐn	月	ïɐt
	先铣霰	ien	屑	iet

合口一等：	桓缓换	uɑn	末	uɑt
二等：	山产裥	ʷan	镯	ʷat
	删潸诛	ʷan	黠	at
三、四等：	仙狝线	iʷɛn	薛	iʷɛn
	元阮愿	iʷɐn	月	iʷɐt
	先铣霰	iʷen	屑	iʷet
臻摄开口一等：	痕很恨	ən		
二、三、四等：	真轸震	ǐen	质	ǐet
	殷隐焮	ǐən	迄	ǐət
合口一等：	魂混恩	uən	没	uət
二、三、四等	谆准稕	ǐuen	术	ǐuet
	文吻问	ǐuən	物	ǐuət
	轸	ǐʷen		
梗摄开口一等：	登等嶝	əŋ	德	ək
二等：	耕耿诤	æŋ	麦	æk
	庚梗映	ɐŋ	陌	ɐk
二、三、四等：	清静劲	ǐɜŋ	昔	ǐɜk
	庚梗映	ǐaŋ	陌	ǐak
	青迥径	ieŋ	锡	iek
	蒸拯证	ǐəŋ	职	ǐək
合口一等：			德	wək
合口二等：	耕诤	ʷæŋ	麦	ʷæk
二等：	庚梗映	ʷɐŋ	陌	ʷɐk
三、四等：	清静	iʷɜŋ	昔	iʷɜk
	庚梗映	ǐʷaŋ		
	青迥	iʷeŋ		

166

职　ïwǝk

宕摄开口一等：　　　　唐荡宕　ɑŋ　铎　ɑk

　　二、三、四等：阳养漾　ïaŋ　药　ïak

　　合口一等：　　　　唐荡宕　ʷɑŋ　铎　ʷɑk

　　二等：　　　　　　江讲绛　ʷɔŋ　觉　ʷɔk

　　三、四等：　　　阳养漾　ïʷaŋ　药　ïʷak

效摄开口一等：　　　　豪皓号　au

　　二等：　　　　　　肴巧效　au

　　三、四等：　　　　宵小笑　ïɛu

　　　　　　　　　　　萧筱啸　ieu

流摄开口一等：　　　　侯厚候　ə̌u

　　二、三、四等：尤有宥　ïə̌u

　　　　　　　　　　幽黝幼　iə̌u

遇摄合口一等：　　　　模姥暮　uo

　　二、三、四等：鱼语御　ïʷo

　　　　　　　　　　虞麌遇　ïu

通摄合口一等：　　　东董送　　u(o)ŋ　屋　u(o)k

　　　　　　　　　冬腫宋　uoŋ　　　　沃　uok

　　二、三、四等：东　送　ïuŋ　屋　ïuk

　　　　　　　　钟肿用　ïʷoŋ　　　烛　ïʷok

167

十一　赵元任、李方桂的音韵研究

　　已故语言学家赵元任（1892～1982）、李方桂（1902～1987）是开创20世纪中国语言学的祖师，是享誉海内外语言学界、汉学界的天才学者。赵、李两位在语言学方面所取得的成就是多方面的，音韵学也是他们作出重大贡献的一个方面。

　　赵元任从1927年起，就从事方言的研究工作，他调查过吴语（江苏南部和浙江）、粤语、徽州话，以及江西、湖南、湖北三省的方言，发表过很多调查报告和专题论文，例如《现代吴语的研究》（1928年）、《中国方言中爆发音的种类》（1935年）、《钟祥方言记》（1939年）、《湖北方言调查报告》（1948年，与丁声树、吴宗济等四人合著）、《中山方言》（1948年）和《台山语料》（1951年）等。这些方言著作不只开垦了现代方言研究这块处女地，而且和音韵学的深入研究、科学研究密不可分。

　　《现代吴语的研究》是中国第一部用现代语言学方法研究方言的著作。它调查了江苏南部和浙江的33处方言，它的声母表、韵母表都列有《广韵》声韵，一下子就可以看出古今的不同和沿革，并拟出了古代共同吴语的声韵。声调表除了调类外，还记有调值。赵元任在书中的《调查说明》部分，特别把自己的这本书，和高本汉《中国音韵学研究》中的方音研究作了比较，他称高本汉所著为"彼"，自己的著作为"此"，从中我们看到赵元任的治学门径和态度。下面是高、赵两书的比较（数码为引者所加）：

彼（指高本汉所著）

①只记方音，未记词类。

②只记声母和韵母，未记声调值。

③用 3125 个例字，字字都记（大长处）。

④范围大：33 处方音与 11 省，又加安南、高丽、日本三国。

⑤33 处方音中，有 24 处是直接在当地调查的，9 处是大半根据前人工作的发刊物作的。

⑥书中用 Lundell 的瑞典方言字母（略加扩充）跟一种宽式音标记音。

此（指赵元任所著）

记方音，又记词类跟语助词。声韵调三种音值都记，并略记短语语调。

大约用 2700 个例字，未字字都记（大短处）。

范围小：33 处方音限于江苏南部及浙江（后者较略）。

33 处方音中，有 18 处是当地调查的，15 处是找已出乡的人发音的。

书中用国际音标（略加扩充）跟注音罗马字标音，用一种"吴语音韵罗马字"标类。

⑦书中有声母变化规则归纳表,而无韵母变化归纳表。	书中有变化规则归纳表,声母韵母都有（第一至第三表）。
⑧所调查单字音已全部在书的第四册（方音字典）中发表出来。	单字音只散见于音表的例字中,每处的全部字音还没有整理出来。
⑨所用材料甚广（仿佛测量的底线长）,讨论之后有许多关于古音的要紧发明。	所用材料范围甚小（仿佛测量的底线甚短）,对于吴语的事实虽多所发现,而对于空间与时间上,远处的推测没有什么发明。
⑩调查时间较多。	调查时间甚少。

　　赵元任还设计创造了一套五度制标调字母,为记录汉语及其他有字调的语言提供了准确而方便的工具,这就是我们现在所用的标调值的符号。如北京话阴平是 55 调˥] 或［ku,阳平是 35 调˧˥] 或［ku,上声是 214 调˨˩˦] 或［ku,去声是 51 调˥˩] 或［ku。方言有八个、九个调,也以此方法标调值。

　　李方桂关于汉语音韵,特别是上古音的研究,是他成就的一个主要方面。他留美回国后开始研究汉语音韵,1931 年发表了《切韵 â 的来源》、1932 年发表《东冬屋沃之上古音》、1935 年发表《论中国上古音的 * -iwəng、* -iwək、* -iwəg》,1980 年由商务印书馆出版的《上古音研究》一书，则是其上古音研究的总结性著作。李方桂的古音研究有他广泛的印欧语言知识的背景，有他对侗台语语族的研究背景，特别是他对藏语的深入了解，对汉藏语音对比的研究，为他进行古音韵的研究奠定了雄厚的基础。他在构拟上古音清鼻音声母 hm hn hŋ 和清边音声母 hl 时，就利用了粤语方言、苗语和藏语的有关资料。

《切韵 â 的来源》发表于 1931 年，是李方桂早期关于汉语音韵研究的代表作，现在已成了语言学领域的经典之作。文章从《诗经》押韵和谐声字的研究，提出《切韵》所代表的隋唐时代的 â，很可能是从上古的两个韵 * a 和 * ə（星号 * 表示上古音）发展而来。由上古 * a 发展来的是歌 â、戈 uâ、唐 âŋ、wâŋ、铎 âk、wâk、寒 ân、桓 uân、曷 ât、末 uât、谈 âm、盍 âp、泰 â:i、uâ:i、豪 âu（一部分）。从上古 * ə 发展来的是哈 âi、灰 uâi（一部分）、豪 âu（一部分）、覃 âm、合 âp。

中古时代的 â 从上古 * â 变来易于理解，而要说还有一部分从上古的 * ə 变化而来，就要花力气证明。以覃韵为例，在《诗经》中，覃韵字和侵韵字相押。如：

《诗经·邶风·燕燕》：燕燕于飞，下上其音。
　　　　　　　　　　　　　　　　　　　△

之子于归，远送于南。瞻望弗及，实劳我心。
　　　　　　　　　　△　　　　　　　　　　　△

（音、南、心押韵，上古是侵部。到了中古，"南"覃韵，"心、音"侵韵。）

171

《诗经·卫风·氓》：于嗟鸠兮，无食桑葚。
于嗟女兮，无与士耽。（葚、耽押韵，上古侵部。
到了中古，"耽"覃韵，"葚"侵韵。）

《诗经·陈风·株林》：胡为乎株林，从夏南。
匪适株林，从夏南。（林、南押韵，上古侵部。到
了中古，"南"覃韵，"林"侵韵。）

《诗经·小雅·鼓钟》：鼓钟钦钦，鼓瑟鼓琴。
笙磬同音，以雅以南，以籥不僭。（钦、琴、音、
南、僭押韵，属上古侵部。到了中古，"钦、琴、
音"侵韵，"南"覃韵，"僭"添韵。）

不只覃韵、侵韵上古同属侵部，《诗经》中互相押
韵，而且从谐声字也可看出它们来源相同。例如：

堪勘（覃韵）　　　斟甚葚（侵韵）

簪蚕（覃韵）　　　簪（侵韵）

暗揞（覃韵）　　　音窨（侵韵）

探（覃韵）　　　　深（侵韵）

耽（覃韵）　　　　枕沈沉忱（侵韵）

含（覃韵）　　　　今吟妗琴（侵韵）

婪惏（覃韵）　　　林禁襟（侵韵）

淦（覃韵）　　　　金（侵韵）

李方桂在这篇文章中说到，高本汉在拟测中古音时，他想用方言及域外汉语借音（高丽、日本、安南）的资料来辨别覃韵和谈韵的不同，盍韵和合韵的不同，哈韵和泰韵的不同，但不太成功。李方桂则以其不同的来源（一者来自上古的 ＊ə，一者来自上古的 â）来证实当时确有不同之处，今方言如吴语上海、崇明等地的覃、谈两韵，今读还有区别。所以李方桂《切韵â的来源》一文，解决了一些高本汉未能解决的古音问题。

参考书目

丁声树：《汉语音韵学讲义》，载《方言》1981 年第 4 期。

丁声树：《古今字音对照手册》，中华书局，1981。

董同龢：《汉语音韵学》，台湾广文书局，1968。

高本汉著，赵元任、罗常培、李方桂译《中国音韵学研究》，商务印书馆，1948。

李方桂：《上古音研究》，商务印书馆，1980。

李荣：《切韵音系》，科学出版社，1956。

李荣：《音韵存稿》，商务印书馆，1982。

李荣：《语文论衡》，商务印书馆，1985。

李新魁：《古音概说》，广东人民出版社，1979。

李新魁：《中原音韵音系研究》，中州书画社，1983。

李新魁：《汉语等韵学》，中华书局，1983。

李新魁：《中古音》，商务印书馆，1991。

罗常培：《汉语音韵学导论》，中华书局，1962。

王力：《汉语音韵》，中华书局，1980。

王力：《汉语语音史》，中国社会科学出版社，1985。

王力：《汉语诗律学》，上海新知识出版社，1958。

张琨著、张贤豹译《汉语音韵史论文集》，台湾联经出版事业公司，1987。

赵元任：《现代吴语的研究》，科学出版社，1956。

中国社会科学院语言研究所《方言调查字表》，商务印书馆，1981。

《中国史话》总目录

系列名	序号	书　名	作　者
物质文明系列（10种）	1	农业科技史话	李根蟠
	2	水利史话	郭松义
	3	蚕桑丝绸史话	刘克祥
	4	棉麻纺织史话	刘克祥
	5	火器史话	王育成
	6	造纸史话	张大伟　曹江红
	7	印刷史话	罗仲辉
	8	矿冶史话	唐际根
	9	医学史话	朱建平　黄　健
	10	计量史话	关增建
物化历史系列（28种）	11	长江史话	卫家雄　华林甫
	12	黄河史话	辛德勇
	13	运河史话	付崇兰
	14	长城史话	叶小燕
	15	城市史话	付崇兰
	16	七大古都史话	李遇春　陈良伟
	17	民居建筑史话	白云翔
	18	宫殿建筑史话	杨鸿勋
	19	故宫史话	姜舜源
	20	园林史话	杨鸿勋
	21	圆明园史话	吴伯娅
	22	石窟寺史话	常　青
	23	古塔史话	刘祚臣

系列名	序号	书 名	作 者
物化历史系列（28种）	24	寺观史话	陈可畏
	25	陵寝史话	刘庆柱　李毓芳
	26	敦煌史话	杨宝玉
	27	孔庙史话	曲英杰
	28	甲骨文史话	张利军
	29	金文史话	杜　勇　周宝宏
	30	石器史话	李宗山
	31	石刻史话	赵　超
	32	古玉史话	卢兆荫
	33	青铜器史话	曹淑琴　殷玮璋
	34	简牍史话	王子今　赵宠亮
	35	陶瓷史话	谢端琚　马文宽
	36	玻璃器史话	安家瑶
	37	家具史话	李宗山
	38	文房四宝史话	李雪梅　安久亮
制度、名物与史事沿革系列（20种）	39	中国早期国家史话	王　和
	40	中华民族史话	陈琳国　陈　群
	41	官制史话	谢保成
	42	宰相史话	刘晖春
	43	监察史话	王　正
	44	科举史话	李尚英
	45	状元史话	宋元强
	46	学校史话	樊克政
	47	书院史话	樊克政
	48	赋役制度史话	徐东升
	49	军制史话	刘昭祥　王晓卫

系列名	序号	书名	作者
制度、名物与史事沿革系列（20种）	50	兵器史话	杨毅 杨泓
	51	名战史话	黄朴民
	52	屯田史话	张印栋
	53	商业史话	吴慧
	54	货币史话	刘精诚 李祖德
	55	宫廷政治史话	任士英
	56	变法史话	王子今
	57	和亲史话	宋超
	58	海疆开发史话	安京
交通与交流系列（13种）	59	丝绸之路史话	孟凡人
	60	海上丝路史话	杜瑜
	61	漕运史话	江太新 苏金玉
	62	驿道史话	王子今
	63	旅行史话	黄石林
	64	航海史话	王杰 李宝民 王莉
	65	交通工具史话	郑若葵
	66	中西交流史话	张国刚
	67	满汉文化交流史话	定宜庄
	68	汉藏文化交流史话	刘忠
	69	蒙藏文化交流史话	丁守璞 杨恩洪
	70	中日文化交流史话	冯佐哲
	71	中国阿拉伯文化交流史话	宋岘

系列名	序号	书名	作者
思想学术系列（21种）	72	文明起源史话	杜金鹏　焦天龙
	73	汉字史话	郭小武
	74	天文学史话	冯　时
	75	地理学史话	杜　瑜
	76	儒家史话	孙开泰
	77	法家史话	孙开泰
	78	兵家史话	王晓卫
	79	玄学史话	张齐明
	80	道教史话	王　卡
	81	佛教史话	魏道儒
	82	中国基督教史话	王美秀
	83	民间信仰史话	侯　杰
	84	训诂学史话	周信炎
	85	帛书史话	陈松长
	86	四书五经史话	黄鸿春
	87	史学史话	谢保成
	88	哲学史话	谷　方
	89	方志史话	卫家雄
	90	考古学史话	朱乃诚
	91	物理学史话	王　冰
	92	地图史话	朱玲玲
文学艺术系列（8种）	93	书法史话	朱守道
	94	绘画史话	李福顺
	95	诗歌史话	陶文鹏
	96	散文史话	郑永晓
	97	音韵史话	张惠英
	98	戏曲史话	王卫民
	99	小说史话	周中明　吴家荣
	100	杂技史话	崔乐泉

系列名	序号	书名	作者
社会风俗系列（13种）	101	宗族史话	冯尔康　阎爱民
	102	家庭史话	张国刚
	103	婚姻史话	张　涛　项永琴
	104	礼俗史话	王贵民
	105	节俗史话	韩养民　郭兴文
	106	饮食史话	王仁湘
	107	饮茶史话	王仁湘　杨焕新
	108	饮酒史话	袁立泽
	109	服饰史话	赵连赏
	110	体育史话	崔乐泉
	111	养生史话	罗时铭
	112	收藏史话	李雪梅
	113	丧葬史话	张捷夫
近代政治史系列（28种）	114	鸦片战争史话	朱谐汉
	115	太平天国史话	张远鹏
	116	洋务运动史话	丁贤俊
	117	甲午战争史话	寇　伟
	118	戊戌维新运动史话	刘悦斌
	119	义和团史话	卞修跃
	120	辛亥革命史话	张海鹏　邓红洲
	121	五四运动史话	常丕军
	122	北洋政府史话	潘　荣　魏又行
	123	国民政府史话	郑则民
	124	十年内战史话	贾　维
	125	中华苏维埃史话	杨丽琼　刘　强
	126	西安事变史话	李义彬
	127	抗日战争史话	荣维木

系列名	序号	书名	作者
近代政治史系列（28种）	128	陕甘宁边区政府史话	刘东社　刘全娥
	129	解放战争史话	朱宗震　汪朝光
	130	革命根据地史话	马洪武　王明生
	131	中国人民解放军史话	荣维木
	132	宪政史话	徐辉琪　付建成
	133	工人运动史话	唐玉良　高爱娣
	134	农民运动史话	方之光　龚　云
	135	青年运动史话	郭贵儒
	136	妇女运动史话	刘　红　刘光永
	137	土地改革史话	董志凯　陈廷煊
	138	买办史话	潘君祥　顾柏荣
	139	四大家族史话	江绍贞
	140	汪伪政权史话	闻少华
	141	伪满洲国史话	齐福霖
近代经济生活系列（17种）	142	人口史话	姜　涛
	143	禁烟史话	王宏斌
	144	海关史话	陈霞飞　蔡渭洲
	145	铁路史话	龚　云
	146	矿业史话	纪　辛
	147	航运史话	张后铨
	148	邮政史话	修晓波
	149	金融史话	陈争平
	150	通货膨胀史话	郑起东
	151	外债史话	陈争平
	152	商会史话	虞和平
	153	农业改进史话	章　楷
	154	民族工业发展史话	徐建生
	155	灾荒史话	刘仰东　夏明方
	156	流民史话	池子华
	157	秘密社会史话	刘才赋
	158	旗人史话	刘小萌

系列名	序号	书名	作者
近代中外关系系列（13种）	159	西洋器物传入中国史话	隋元芬
	160	中外不平等条约史话	李育民
	161	开埠史话	杜语
	162	教案史话	夏春涛
	163	中英关系史话	孙庆
	164	中法关系史话	葛夫平
	165	中德关系史话	杜继东
	166	中日关系史话	王建朗
	167	中美关系史话	陶文钊
	168	中俄关系史话	薛衔天
	169	中苏关系史话	黄纪莲
	170	华侨史话	陈民 任贵祥
	171	华工史话	董丛林
近代精神文化系列（18种）	172	政治思想史话	朱志敏
	173	伦理道德史话	马勇
	174	启蒙思潮史话	彭平一
	175	三民主义史话	贺渊
	176	社会主义思潮史话	张武 张艳国 喻承久
	177	无政府主义思潮史话	汤庭芬
	178	教育史话	朱从兵
	179	大学史话	金以林
	180	留学史话	刘志强 张学继
	181	法制史话	李力
	182	报刊史话	李仲明
	183	出版史话	刘俐娜

系列名	序号	书名	作者
近代精神文化系列（18种）	184	科学技术史话	姜　超
	185	翻译史话	王晓丹
	186	美术史话	龚产兴
	187	音乐史话	梁茂春
	188	电影史话	孙立峰
	189	话剧史话	梁淑安
近代区域文化系列（二种）	190	北京史话	果鸿孝
	191	上海史话	马学强　宋钻友
	192	天津史话	罗澍伟
	193	广州史话	张　苹　张　磊
	194	武汉史话	皮明庥　郑自来
	195	重庆史话	隗瀛涛　沈松平
	196	新疆史话	王建民
	197	西藏史话	徐志民
	198	香港史话	刘蜀永
	199	澳门史话	邓开颂　陆晓敏　杨仁飞
	200	台湾史话	程朝云

《中国史话》主要编辑
出版发行人

总 策 划	谢寿光	王 正	
执行策划	杨 群	徐思彦	宋月华
	梁艳玲	刘晖春	张国春
统 筹	黄 丹	宋淑洁	
设计总监	孙元明		
市场推广	蔡继辉	刘德顺	李丽丽
责任印制	岳 阳		